小米

是否明日黄花

——反思只为更好地学习——

李江涛／著

XIAO MI

SHI FOU MING RI HUANG HUA

图书在版编目（CIP）数据

小米，是否明日黄花：反思只为更好地学习 / 李江涛著 . -- 海口：海南出版社，2016.3

ISBN 978-7-5443-6498-0

Ⅰ . ①小… Ⅱ . ①李… Ⅲ . ①移动通信－电子工业－工业企业管理－经验－中国 Ⅳ . ① F426.63

中国版本图书馆 CIP 数据核字 (2016) 第 032236 号

小米，是否明日黄花：反思只为更好地学习

作　　者：李江涛
监　　制：冉子健
责任编辑：刘　铮
执行编辑：张宏伟
装帧设计：黎花莉
责任印制：杨　程
印刷装订：北京盛彩捷印刷有限公司
读者服务：蔡爱霞
海南出版社　出版发行
地址：海口市金盘开发区建设三横路 2 号
邮编：570216
电话：0898-66830929
E-mail：hnbook@263.net
经销：全国新华书店经销
出版日期：2016 年 3 月第 1 版　2016 年 3 月第 1 次印刷
开　　本：787mm×1092mm　1/16
印　　张：14.5
字　　数：180 千
书　　号：ISBN 978-7-5443-6498-0
定　　价：32.00 元

序

小米，这朵互联网的奇葩能够开多久

小米是一朵奇葩，堪称是互联网的一个奇迹。小米从成立开始就一路狂奔，发展的浪潮一浪高过一浪。

2010 年 4 月 6 日是小米的发展原点。小米公司创立以来，短短五年间，它已从一个默默无闻的小公司，发展到如今国内外知名的企业，它的每一次布局，都能让同行颤抖。于是我们不能不问，这朵花是怎样长大的?

一、惊人的增长速度

2011 年它实现含税销售额 5 亿元，2012 年 126 亿元，2013 年 316 亿元，2014 年 743 亿元，2015 年小米将销售额预定在千亿。

2011 年初，该公司估值 2.4 亿美元；2011 年末升至 10 亿美元；2012 年达到 40 亿美元；2013 年达到 100 亿美元；2014 年是 450 亿美元；2015 年中，公司成立五周年之际，估值飙升至 800 亿美元。五年间翻了 300 多倍!

这是一组多么令人咋舌的数据，但是，小米做到了。不可否认的是，小米的确有它的特别之处，它在互联网中的很多创新和试水都值得我们学习。

从这个角度来说，小米就是一朵无比艳丽的奇葩。

二、深刻的商业和管理理解

雷军的经历无疑是令人羡慕的：毕业于名校；长期从事软件行业，做到国内老大；从事天使投资也成果辉煌；做小米也是对商业和管理有独特的理解。

从战略到管理，到营销，到研发，到人员管理，雷军和小米对传统管理的理解达到了登峰造极的程度。这也是我要写这本书的主要目的，就是互联网企业会有什么样的管理。因此我最早将这本书定义为“互联网＋管理”。小米的很多管理领域都值得称道和借鉴。从对战略的远见到对客户心理的洞察和运用，从产品的设计和对资源的把控能力可以看出其技巧。从其品牌定位，可以看出是最有存在感的定位。以前对于手机的品牌定位，各大厂商都试图刻画到消费者的脑海中，比如音乐手机、商务手机、女性手机等，而小米却跳出了这个怪圈定位成“发烧友手机”，这个超越了性别、年龄、地域、阶层的神棍级定位，反而深得人心。

三、提出独特的互联网思维

我们之所以写这本书，就是源于雷军的独特的互联网思维和对互联网运用的程度。小米用活了互联网这个最具杀伤力的武器。雷军认为，互联网不是一种技术，而是一种全新的方法论，是一整套东西。“用这套东西做任何一个产品、产业，都能产生核爆炸。”最终，雷军将这套方法总结成了做互联网的七字诀：专注、极致、口碑、快。

在雷军“七字诀”的指导下，小米创造了一个超高性价比的神话。2011 年小米 1 刚刚发布的时候，市面上同等配置的智能手机定价大多在三四千元，1999 元的亲民价格使小米迅速聚集起一大批忠实的

“发烧友”。

如今是“酒香也怕巷子深”，虽然小米手机性价比超高，但在这个创新爆发的年代，如果没有好的营销，再好的产品也会被埋没。小米公司之所以有这么强大的影响力，和它成功的营销是分不开的。社区模式 + 微博宣传就是小米营销的利器。

小米的做法和对应的互联网源头，能让我们探知小米是如何深度复制互联网的。这些成功的做法我们也完全可以用在自己的产品和市场，以寻找新的做法和方向。这种转变，就是传统行业的互联网转型。

但是，摘掉小米头上的“光环”，我们也应该看到，2015 年时，小米暴露出来了很多问题。2015 年双十一，小米仍然是手机总销量第一的公司，但在销售额上，它却已经被华为超越。实际上不仅双十一，整个 2015 年，小米出货量的增速都不太理想。2015 年上半年，小米完成的销量为 3740 万台，而全年的销量则由原来的 1 亿台下调为 8000 万台；2015 年第三季度，其销量在国产手机销量排行上，已经被华为超越。有消息称，由于预计小米智能手机出货放缓，配件供应商们也调低了对小米的内部预期。

四、小米这朵花能够开多久

如果把小米比喻成一朵盛开的花朵的话，我们要问，小米能盛开多久。通过着力分析小米的管理框架、营销模式、平台战略等后认为，小米的冬天有如下的表现：

1. 滞后于对新技术的预测和快速跟进。曾经的小米依靠性价比吸引了一批又一批的米粉，但在性价比日趋无味之后，小米对新技术的跟进嗅觉却并不灵敏。小米在 4G 手机和手机指纹识别上的姗姗来迟，就是这个短板的具体反映。

2. 出海遇挫，专利问题凸显。从 2014 年开始，小米就急欲在海外市场博得一席之地，但是随之而来的专利打击却让小米无所适从。由于自身专利储备的不足，在专利保护极为严谨的海外，专利问题势将成为小米一道绕不过去的坎。

3. 小米移动生态链尚不完善。到目前为止，小米的强项仍然在硬件部分，而小米又一直将自己定位在互联网企业的形态。于此而言，小米目前还处在有布局无生态的阶段，要打造真正的小米生态链，还有很长的一段路要走。

4. 质量问题引发的负口碑效应。小米的性价比是一个优势，但与之相对应的就是小米不断爆发的质量问题。2015 年的屏幕门事件就是小米质量问题的一个缩影，问题出现后小米的闪烁其词更是让广大用户感觉到了心寒。随着用户群的不断变化，小米的这些积压起来的质量问题很可能就会演变成滚雪球般的负面口碑效应，在互联网时代负口碑快速扩散的今天，如何杜绝负口碑，将成为小米面临的一个重要问题。

5. 营销优势不再。一直以来，小米都以饥饿营销和低价策略占领市场。但实践表明，中国用户的忠诚度并不高，用户在多次通过小米网络渠道进行固定时间点的抢购而未果的情况下，都可能失去耐心转而购买其他公司的产品。近来，小米又玩起了国货营销并且增加了线下体验店的数量，但如此的改变，是否能挽回增长的颓势，目前还不明朗。

6. 爆品战略背后的隐忧。小米一直强调要做爆品，但是要知道，“火爆一时易，火爆一世难”，各行各业都上演了很多过气的故事，要想维持爆品的生命周期，就一定要投入很大的人力和物力，而且还不一定能够守住。

7. 对产业链的掌控。小米的优势是营销，而不是生产层面。在芯片制造上小米就一直比较依赖高通，这使得小米不得不受制于高通这样的公司。而要知道，一个做硬件的厂商，要想真正的健康发展，就势必得全面掌控产业链。好在，雷军已有了这方面的意识，小米自主的芯片开发也许将会在未来的不久帮助小米解决这个难题。

8. 各厂商的围剿。快速的发展让小米正在变得越来越孤独，它的生产模式、营销模式正在被各个厂家模仿超越。当小米的模式、产品被模仿以后，小米原来引以为傲的产品特色很自然地就会被冲淡。而且竞争对手也在逐渐掌握防御小米的方法，有的甚至是在侵蚀。在这种情况下，小米如何突围，将是对它最大的考验。

从过去看，小米值得学习，从现在看，小米值得反思。因此，我们需要理性地看待小米。它有值得借鉴的地方，也有值得规避的地方。但不管怎样，小米肯定还会朝前走下去。小米的明天会走向何方，是盛开的牡丹，还是凋零的黄花，其实完全在于小米自己，而我们，只能在书中做出一个初始性的判断而已。

2014 年，小米副总裁黎万强写过一本很火的书叫《参与感》，但它描述的只是具象的感受层面。而我们这本书将以一个全方位的角度，分析小米的做事方式，分析小米的得与失，更多的是在分析层面探讨小米值得学习和反思的东西。希望在为我们自己调整方向之时，也为小米的未来做一个整体的梳理。

李江涛

2016 年 1 月 6 日

目　录

第一章

小米，迅速盛开的互联网花朵——爆发式增长背后的秘密

自从互联网开始悄悄改变人们的生产生活和企业的商业模式以来，中国市场上有一大群公司享受到了互联网这个福利。而其中受益最大的，恐怕非成立不过五年的小米科技莫属。小米一度爆发式增长背后的秘密是什么？就是它实现了“互联网+”对传统手机行业的改造。

小米——互联网行业的“第一”专业户

五年前在互联网上搜索“小米”，搜索结果一定首先是一种农作物，而现在，第一结果都会指向小米科技——一家专注于智能产品自主研发的移动互联网公司。

不得不承认，自 2010 年 4 月 6 日成立以来，小米都在一路狂奔，创造了惊人的业绩。

2011 年它实现含税销售额 5 亿元，2012 年 126 亿元，2013 年 316 亿元，2014 年 743 亿元，2015 年初小米将销售额预定在千亿。

2011 年初，该公司估值 2.4 亿美元；2011 年末升至 10 亿美元。2012 年达到 40 亿美元；2013 年达到 100 亿美元；2014 年是 450 亿美元；2015 年中，公司成立五周年之际，估值飙升至 800 亿美元，五年间翻了 300 多倍！小米也有幸一度成为全球估值最高的未上市公司（2015 年小米的纪录被 Uber 超越）。

2014 年双十一，天猫的销售额创造了吉尼斯世界纪录，而小米是天猫店单店销售排名第一的公司。双十一当天小米销售了 15.6 亿人民币的产品，约占整个天猫全店的 3%。

当天，天猫店一共卖了 189 万部手机，其中小米就有 116 万部，占 61.3%。在那一天除了手机之外，小米还有电视单品销售第一，平板销售第一，穿戴设备销售第一。以至于有人说，雷军成功地把天猫店办成了小米店。

2014 年第三季度 IDC 等三四家国际知名的调查公司的数据都表明，小米手机的市场份额在中国市场已经处在第一位，在全球也进入了前三。

2015 年 8 月 5 日，央视财经频道发布了第二季度中国智能手机市场份额占有情况的新闻报道。报道称，2015 年第二季度，在中国出货的智能机中，近三分之一来自小米。小米以 15.9% 的市场份额占据第一，华为排名第二，苹果降至第三位，随后是三星和 Vivo。

国际市场调研公司 Canalys 也发布报告称，小米在 2015 年第二季度中国智能机市场的份额为 15.9%，重新成为中国最大智能机厂商。

一家创业 5 年的公司，从零起步到国内市场份额第一，小米有太多地方值得广大企业学习。

其实，除了上述令同行艳羡的数字之外，在互联网思维的影响下，小米还创造了很多个令人瞠目结舌的第一。

第一个以接近硬件的成本把手机拆开卖

在小米之前，品牌手机都是放在柜台里直接标注个价格售卖。但小米没有这样做，小米要的是售价透明，要的是让广大粉丝详细了解手机的内部结构零部件。**所以小米第一个把手机拆解开，按元器件的价格总和来销售。这样做，其潜台词就可以解读为，买小米不会上当，买小米肯定没错。**

比如，小米手机用的处理器、内存条、液晶屏……基本都是全球知名供应商提供的最新最好的，且价格基本透明。它把这些最好的硬件集成起来，再由最好的代工企业富士康（小米最初的大量订单由英华达完成组装）进行装配。最后再来个软硬件结合，配合小米自己的 MIUI 系统……这样接近完美的手机，售价却只有其他品牌 1/3。

如此极度透明又极度“公正”的售卖方式让小米遭受了很多同行的非议，也让竞争者们叫苦不迭，但反馈给消费者的却是极高的性价比，自然叫好声不断，一举为小米带来了数不清的拥趸。

小米的做法就是要让消费者相信，它的产品是合理的，不像原来大家买东西，虽然也买，但心里一定存在有商家赚取了太多利润的心理，小米一举打破了这个模式，让消费者对它产生了相信感。就比如结婚要相亲，我要看见你才叫“相”，我认为这是真的才叫“信”，小米卖手机，这手机用了哪些牌子的部件，是在哪个工厂代工的，都一目了然。“高大上”的配件，是小米最好的品牌背书，背书做好以后，就是接地气的，就会推动销售的增长。

第一个成功实现非现货销售

谁曾料到，小米一个因受制于巨大提货款压力的无奈之举，却让它成为了业内第一个非现货销售，即大家熟知的以期货模式销售的手机品牌。

由于手机上的各种芯片、配件的价格随着时间的推移下降非常快，小米手机不得已在锁定了用户的预付款后推迟发货。**从这个层面上来讲，小米其实是在用几个月后的价格，来和其他手机现在的价格相竞争。**

以往消费者都是一手交钱，一手拿货，可是在小米这里，却可能付了款等十天半个月甚至更久还迟迟拿不到手机。为了避免消费者滋生反感情绪，雷军亲自在包括小米论坛在内的各大数码论坛解答网友的疑问，和网友互动，小米员工也开始在各大论坛造势。

同时，雷军发挥个人魅力和人脉在微博等社交媒体上拉拢名人来帮小米摇旗呐喊，小米也开始动用水军配合营造小米手机热销的假象，吊足消费者的胃口。就这样，缺货变成了热销、抢手，雷军还顺手赢得了一个为人称颂的亲民形象。更为重要的是，小米手机的热销又进一步引起了资本市场的关注，为小米吸引到了一轮又一轮的融资。

分批限量销售，原本是小米没钱提货时的权宜之计，没想到却在小米的精心策划之下，来了一个一百八十度的大反转，成了小米繁荣的表象，并催生了一批又一批必欲得之而后快的“米粉”。

小米的误打误撞衍生出来一个“互联网+”时代新型的商业模式，且还通过自身的努力取得了巨大成功，并在之后成为一股潮流，这也许是很多人都没有想到的。

同时它也给了我们传统企业一些启发，你没资本一次性生产大批量的产品不要紧，但你的产品一定要具有吸引力，一定要造出一种受消费者追捧的景象，并通过互联网快速传播。如此一来，当你的产品能被众多消费者预订之后，你的资金链条也就解决了，用消费者口袋里的钱解决了。这就好比古代的“以战养战”术，通过持续的战争补充自己的给养；销售也一样，通过持续的销售收入来不断地补充自己的后方，你的供应链相应也就盘活了。

第一个以安兔兔跑分的形式来量化手机的好坏

以往，消费者很难判断一部手机的好坏。小米意识到这一问题之后，发明了“安兔兔跑分”这一形式，来量化大众消费者的模糊感受，并帮助他们普及“辨识手机性能”的知识。这为发烧友们“显摆”自己掌握的知识提供了说服力，因此深得发烧友和准发烧友的欢心，他们纷纷自发成为小米的水军。

……

除此以外，小米还创造了很多其他方面的第一，每一个第一的背后都是一次颠覆性的创新。小米作为首创的互联网手机品牌，曾于2013年荣获第十三届中国企业“未来之星”的称号。**2014年，美国最具影响力的商业杂志《快公司》(Fast Company)撰文总结了2014年最具创新力的50大公司，其中小米位居中国创新公司首位。**

其实，“互联网+”本身就是一种创新，而且随着发展，它势必会成为企业创新的引擎。我们将通过小米这一典型案例来分析

“互联网 +”给企业带来的全新变化，以及传统企业该如何转向“互联网 +”这条企业发展的快车道的问题，并以小米为参照，将它的成与败和现代企业的未来发展联系起来，给所有正在发展的企业一个警示。

小米的“长赢基因”

在 2014 年 7 月 22 日给全体员工的内部邮件中，雷军雄心万丈地写道：“我们靠硬件搭平台、靠互联网增值服务获取利润的商业模式到目前为止还是独树一帜，我们积累的互联网开发模式的经验和用户参与生态也非同行一朝一夕所能追赶。”不过，他话题一转，又说“没有不可复制的模式”。言外之意，小米方法是可以复制的，谁都可以像小米一样成为某一行业的领头羊。

我们先来看看小米的几个“长赢基因”。

懂得顺势而为，不逆风而动

顺势而为，即要顺应时代的潮流，不逆势而行。**在人们越来越离不开互联网的今天，雷军正是因为悟出了“顺势而为”的道理，才开始寻找台风口做小米的。**

人类的进化可以分为两类：一类是人类依靠基因改变所做的本能的自我进化；另一个是借助外在的工具所做的对我们工作和生活的改进。后者所说的“工具”，不仅仅包含“电脑”“飞机”等我们看得见的工具，更包含时代赋予我们每个人的“势”。

势不对也能成，只是容易小成。你付出一百倍的努力，获得一点小成，内心肯定会很纠结，所以势头不对是很痛苦的一件事情。你得跟着大势走，不要试图逆天，那是会得不偿失的。

现实中，往往越能干、越有才华的人越有自己的观点，越喜欢标新立异，越喜欢逆风而动，但这样的人成就都不会很大。其实不管是顺风还是逆风，你想完成的事情是一样的，只是因为方向的不同，导致了你走的路也会有所不同。

顺势而为看起来不够有情怀，不够有英雄气概，但却是成功的真谛。

马云能赚大钱的主要原因是什么？就是马云认可了这个时代的发展趋势，仿照 EBAY，建立了一个交易的平台。这边有一帮人想卖东西，那边有一帮人想买东西，于是马云建立了一个平台，做中间商。这个平台将卖的人和买的人用廉价的方式结合在一起，三方都得利。

同样，雷军也是看准了这个时代的“势”，如今在“互联网 +”的大背景下，智能终端的普及和移动业务应用的大发展，使得移动互联网出现了爆炸式的增长，而手机又是人们获取互联网信息的切入口。雷军刚开始做手机时，智能手机的发展浪潮已不可逆转，而且在昂贵的苹果手机“一手遮天”时，人们又极需要一个既廉价又切合互联网时代属性的手机，于是小米产生了。雷军一开始不以赢利为目的，他要的是等用户数量达到一定程度以后，他又可以收取别的费用。“量”可以卖钱，所以互联网企业一定要追求量，这是互联网时代很多人赚钱的基本原则。

据统计，我国无线业务流量正以每年 100% 的幅度在增长，这表明，未来 10 年，我国无线数据流量将增长 1000 倍。未来 5G 更将服务于我们生产生活的方方面面，如无线支付、移动办公、智能家居、位置服务、远程医疗等，同时也将与电网、交通、医疗、家居等传统行业深度融合，这些，其实都是我们不能错过的“势”。

颠覆性创新，用真正的互联网思维重新思考

顺势而为与创新是一个问题的两个不同角度。顺势讲的是战略，创新是指在某一领域里做别人没做过，或别人没做成的事情。

小米闯入智能手机领域的时候，这一领域的大势基本上都已稳定。但是借助互联网思维，小米还是敏锐地发现了市场上的空白，于是，第一个发动用户，做了MIUI系统；第一个做起了网络直销……这些做法都是颠覆性的。

其实，互联网时代的创新，要么是在一定规模的基础上做“线”，要么是稳扎稳打做一个“点”。BAT（百度、阿里巴巴、腾讯）等巨头做的就是线，它们基本上把各种基础性的工作已经做完了，一般创业者很难挤进去抢饭吃。但是市场的规律从来都是这样，一层基础性的连线的工作做完之后，各种基础性的平台建完之后，真正能赚到大钱的往往是做好某一点上具体工作的创新产业。比如苹果公司，它所干的事情实际上就不是连线，而是做一个点。

这就好比在电影院这个基础平台上，门票收入可能不是最赚钱的，反倒是看起来微不足道的爆米花生意利润最丰厚。所以说，找出符合这个时代特征的点，并把它做好，才是互联网思维的商业大智慧。

真正的互联网思维，需要企业从战略、业务和组织等层面重新审视价值链，并通过对原材料供应、产品研发、后期销售等价值环节的调整，使“价值链”向“价值环”转变。

“价值环”以闭环的形式，无论是在战略制定和商业模式的设计上，还是在业务的开展上，都以用户为中心。这种互联网时代的新模式便于企业更好地服务用户。

总之，在“互联网 +”的时代，做看客的终将会被淘汰，你必须行动起来，用互联网思维武装自己，找到市场上适合的点，并切

入进去，才有可能取得成功。大家要记住，一定要去寻找那些没有被发现的新资源、新领域，找到你能大有作为的处女地。任何一个领域被资本充分开发以后，就没有多大价值，被资本充分洗礼过的行业，同样没有很大的前途。

发动群众的力量

历史是人民群众创造的。2013 年，小米半年的收入就超过了百亿，当时雷军总结称，发动群众运动做手机是小米成功的一大因素。小米的“群众”，其实就是用户。

雷军将小米商业模式的本质总结为：向用户提供参与感，赢得用户参与到小米产品的完善和品牌的树立中来，共同成就一个前所未有的软件、硬件、互联网“铁人三项”公司。这是一个互联网思维武装下的互联网众包模式。

很多互联网公司喜欢研究数字，过于关注今天新增了多少个用户，流失了多少个用户。雷军认为，不能把人当数字看，数字有时候会欺骗人。现在很多制造数字虚假泡沫的互联网软件，就是被数字逼的。

小米发动群众，是在一个小圈子里悄悄进行的。雷军认为，人民战争的核心就是互联网。所以怎么发动群众，依靠群众，且能从群众中来到群众中去很关键。

互联网是开放的。小米的经验是利用互联网的这种开放性去调动用户的积极性，它组织了数百万的用户给它提意见。这些用户形成了小米的群众基础，也使得小米手机一发布就异常火爆。

互联网的手段远比实体经济的手段多，借助它，你能以很低的成本集聚起大量用户来给你提意见。你甚至还可以动员一些重要用户，让他们充当意见领袖，帮你筛选各种意见，从而筛选出有用的意见。

不惜代价做好产品

雷军认为要做好产品，首先要找对人。你能不能找到中国，乃至是世界上最优秀的人来做事很关键。

小米的经验是从跨国公司挖人。高端的人才可以帮企业引进先进的思想、技术和人才队伍。小米的前200个员工，除了雷军金山的老同事之外，大部分都来自微软、谷歌、摩托罗拉等跨国公司。初期小米的规模不大，人也不多，但人才密度和强度非常高。

小米的8位合伙人，平均年龄45岁，平均超过20年的工作经验，5个海归在国外生活工作的时间都超过了15年，3位是中关村的本地创业者。雷军认为这种土洋结合、跨行业创业的组合组成了一个最好的团队。

小米利用这个优秀的团队，专注于研发。**小米强调单点极致，主张把力量用在一点上去穿透。要想获得真正的成功，在研发上的投入就一定要是不惜代价的。**

其次，要做好产品，就要选择顶尖的合作伙伴。

雷军认为，要想走出一条新路就得不惜成本。小米初期选择供应商，只选贵的不选对的，全是世界顶级的。当时雷军的思路是从全球第一名找到全球第十名，结果找下来没有一家搭理他。为什么？因为优秀的工厂资源都是有限的，你一个小公司，要量没量，要知名度没知名度，人家为什么帮你做？于是，雷军又亲自出马谈第二批，最终好不容易说服了一家加工厂。后来小米越来越强大，但也只有两家加工厂。

小米就是这样，选择与顶尖品牌的供应商、旗舰店合作，同时找最优秀的人才去完成。

产品完成之后需要营销，小米采用口碑营销。传统的口碑营销力量有限，一般情况下一个人最多只能传给30个人。而在互联网模式下，一个人在朋友圈发一条微信，可能就会有 300 ~ 3000 人看到。当然，互联网是把双刃剑，**一个产品做得好，正面口碑传播得快，做得不好，负面口碑则传播得更快。在这种压力下，小米不惜代价做好研发，做好服务。**

有了口碑效应以后，用户想买东西都会直接找上门来，这样企业就不需要别的渠道，仅靠电商直销就可以了。

免费 + 长尾

小米手机之所以敢以成本定价，原因就是免费 + 长尾。雷军认为，互联网的核心模式就是“免费 + 长尾”。

1. 免费→大规模

互联网行业推崇用户的价值，普遍认为想把事情做好就要留住用户的心。为了吸引并留住用户，互联网上很多好用的东西都免费。比如新闻免费、邮箱免费、信息检索免费等。互联网公司做这么多事情不收消费者一分钱，就是为了获得用户。拥有了大规模的用户，就占领了市场。

现在有一种竞争叫合作性竞争。就比如做网站或 APP，你登陆我的网站，或者是我的 APP，我一分钱不要，免费用，但是在大家点击的过程中，我的网站就会变成一个平台，这个平台可以重复销售。所以说，当阿里巴巴的用户量达到一定程度的时候，在它的界面上随便做个广告就能卖钱。雷军也是走的这条路，只不过他是从硬件起步的，于是他将免费用改成了以性价比吸引用户，最后还是等待用户达到一定数量级以后，延伸出小米的周边产品，并真正形成一种小米的互联网格局，到那时，用户随便产生什么样的活动，小米都可能赚钱。

2. 长尾→大量的小众化参与

美国人克里斯·安德森提出了一个重要的理论，那就是长尾理论。长尾理论认为，在成本和效率的影响下，很多企业只关注重要的人或事。在正态分布曲线下，这些重要的人或事就是曲线的“头部”，而处于曲线“尾部”的大多数人或事，由于需要更多的投入才能产生效益，所以往往被忽略掉。例如，在产品销售方面，厂商往往只关注少数几个所谓的“VIP”客户，而“无暇”顾及在人数上居于大多数的普通消费者。

而在网络时代，由于关注的成本大大降低，人们有可能以很低的成本关注正态分布曲线的“尾部”，关注“尾部”产生的总体效益甚至会超过“头部”。所以，**安德森指出，网络时代是关注“长尾”、发挥“长尾”效益的时代。**

长尾的一种意义在于，大量的小众化参与。比如，淘宝，它没有一个大客户，但是它的客户群足够大。各式各样小众化的参与形成了一个开放的“集贸市场”。马云自己不经营，最初他只是搭个免费的台子，做科技地产。

免费 + 长尾其实就是用核心业务免费吸引大量的用户，提高用户满意度，然后再用长尾理论去寻找新的商业模式。小米也是这么干的。为什么小米最在意客户的满意度？因为客户满意了，给点小费它就能活得很好了。雷军把这种经济模式叫作“小费模式”。

第二章

中国最懂得快速养花的老板——雷军

如果把小米比喻成盛开的花朵，那么雷军无疑是最会快速养花的花匠。

作为小米的灵魂人物，雷军充分利用了“互联网+”赋予的能量。总结起来，雷军带领小米走向“癫狂”不外乎三招：一是具备互联网思维；二是自己做企业的形象代言人；三是有高超的资源整合能力。不过，这一切都是对于成长期的小米而言的，而当小米真的已经站上行业的顶端之后，雷军还能走得如此顺利吗？

雷军的互联网思维

当下，人人都在谈互联网思维，就连央视新闻也开始频频拿互联网思维说事儿。但我在跟企业老板们打交道时发现，很多传统企业的老板还是看不懂互联网思维，不知道互联网思维对企业而言到底意味着什么。为了避免出现“当你看懂互联网思维时，已经太迟”的悲剧，我觉得有必要通过小米的案例去引导大家真正认识并掌握互联网思维。

互联网七字诀与“核爆炸”

“互联网思维”的概念早就有了，但是它真正广为人知却始于小米的超速崛起。雷军是互联网思维的实践者，实践出真知，雷军的“互联网思维”掀起的是一场商业革命。无论是对管理者，还是创业者；无论是对传统企业转型，还是对新兴产业的成长，都会产生一定的影响。

其实，关于“什么是互联网”这一问题，雷军曾做过两次思考：

第一次是 1998 年至 1999 年雷军掌舵金山时。当时金山这一老牌软件公司面临新生的互联网公司百度、腾讯等的冲击。由于当时对互联网了解不多，雷军得出的结论是：**用互联网的方式做生意，就是电子商务。**

再次认真思考这个问题是在 2004 年。当时，雷军卖掉了卓越，他就在想，卓越成长可以到 100% 以上，金山顶多能达到 20% ~ 30%，为什么卓越可以走得更快？这次，雷军得出的结论是：**互联网不是一种技术，而是一种全新的方法论，是一整套东西。**

“用这套东西做任何一个产品、产业，都能产生核爆炸。”后来，雷军将这套方法总结成了做互联网的七字诀：专注、极致、口碑、快。[1]

专注

乔布斯曾说：“专注是极富力量的，而创业公司是非常需要专注的，专注就是说‘不’，就算是已经极好的东西也要说‘不’！”雷军对此深以为然，他认为，从1997到1998，苹果从亏损10.4亿美元，到赢利3.09亿美元，乔布斯只用了一招，那就是专注。

1997年，接近破产的苹果公司请回了昔日的“老帮主”乔布斯。乔布斯一回到苹果公司，就向整个团队传达了一个理念：决定不做什么和决定做什么一样重要。他发现苹果公司的产品线十分分散，很多产品根本没有做下去的必要。于是，在一次产品战略会上乔布斯发飙了：“这么多的产品，这么多的版本，你们究竟要向别人推荐哪一个？”他说，“我们的工作就是做四个伟大的产品……”说服董事会后，乔布斯很快砍掉了苹果的70多款产品。之后苹果公司集中精力研发四款产品，终于使濒临破产的苹果起死回生。要知道，当时苹果离破产也就不到90天时间。紧接着，乔布斯着手研发新的移动设备，最终推出了iPhone和iPad。

这就是专注的力量。小米极其强调专注，雷军觉得不专注，就做不好手机。一般传统的手机厂商会设计四五十个型号的手机，问题是，型号做得多了，做产品的人自己可能都不会去用这些手机。自己不用，这款手机好不好，他就没有发言权。

诺基亚当年为了满足不同用户的需求，就曾开发1000多个型号的产品。面对如此多的选择，消费者往往感到无所适从。同时由于这些产品的功能基本大同小异，从满足使用的角度出发，消

---

1 雷军主题演讲：《互联网＋助飞实体经济》。

费者往往选择最便宜的。这便直接导致诺基亚手机的均价一年比一年低。

雷军高度认同乔布斯的大道至简，他认为越简单的东西越难做。“出一款手机，对手机公司来说是再容易不过的事情了。但如果只出一款，你就需要有足够的自信，你得坚信你做的这款手机是天下最好的。如果你不自信就做 100 款……”

雷军的观点是集中精力把事情做少，少就是多，专注才有力量。一个指头摁下去，不会有穿透感，但一根针扎下去，就不一样了。“专注”就是要做“一根针”。5 年的时间，小米针对不同客户群一共做了四款手机。

为了把这几款手机做好，小米不惜花巨资，精耕细作，技术上精益求精，材料用最好的，代工用最贵的。据雷军反映，**小米研发一款机型的成本往往都是好几亿。即便花很少的钱也可以做，但想做好，做精致，做到极致，成本必然会非常高，这个时候，你就要舍得，有付出才有收获。**

传统的手机研发团队有三五千人，他们分散着去做几十款产品。小米的研发人员只有他们的 1/10，但这 1/10 的人只集中研发一两款机型。总的算下来，小米在一款产品上的投入其实是同行的 10 倍以上，且研发周期也是同行的两三倍。

几年下来，小米虽然只做了四款手机，但是销量却并不低。2014 年小米创造了 743 亿的营业额，同比增长 135%；手机的销量做到了 6112 万台，2015 年预计会达到 8000 万至 1 亿台。这个增长速度在全球来看都是一个奇迹。可见，**只要把产品做好，学会专注，少就是多。**

极致

雷军做产品的原则是，要么不做，要做就做到极致。雷军曾公

开表示，极致就是做到自己能力的极限；极致就是把自己逼疯，把别人逼死。小米追求的极致是性价比的极致。小米卖手机就是材料价，不包括人工、行销广告费用，差不多做到了“硬件免费”。

作为一个创业仅五年的公司，小米的各种动作都充满了“侵略性”，从第一家采用互联网模式做手机，引发手机企业纷纷开辟电商渠道，到第一家完全公布零部件来源清单，打开手机界黑匣子，小米手机的历次举动均让业界为之侧目。

为了跻身电视领域，小米盒子继续沿着小米手机追求高性价比的极致之路前行。虽然硬件不赚钱，甚至在亏钱，但是作为后继者，为了扯开一个口子快速切入这个市场，小米拿出了“**把自己逼疯，把对手逼死**”的架势。

前文我们已经提到，对于供应商、旗舰店，小米向来只选顶级的。雷军认为，做好产品，需要优秀的合作伙伴。当然，知名的企业资源都是有限的，很少愿意去和一个初创的小公司合作。所以雷军就列出名单，从行业的第一名开始，逐一去谈判，最后好不容易说服了一家加工厂。后来小米越来越强大，但也只跟两家加工厂合作。

做企业当然要讲成本，但是，雷军认为讲成本不是偷工减料的借口。在研发和制造上，小米不惜成本，追求完美，力求极致。但与此同时，小米产品还能在价格上尽显优势。雷军认为，这主要得益于互联网。

传统的销售成本非常高，小米借助互联网的力量，自己开个网站直销，不依赖任何人帮忙，省去了销售环节和广告这两大块费用，真正做到了好货也便宜。小米把产品放到小米网上，每周二定时发售。一开始，一周只发售一次，每次只卖两三分钟。但是由于小米的极致带来的口碑，每次开门场面都异常火爆，买小米手机甚至比春运买火车票都难。

在互联网上，用户只要动一下鼠标就能从这家公司切换到另一

家公司。产品不好，用户很快就会流失；产品好，也很容易带来赢家通吃的局面：能做到极致的企业，做什么都不愁销路。

传统企业通常会打价格战，互联网把事情做绝了，它一开始就免费。这种模式使得整个互联网公司的竞争极其残酷，因为免费是价格战的极致。小米也从不打价格战，一开始就直接卖成本价。小米基本上是所有高端智能手机中性价比最高的，雷军认为这就是小米追求的极致。**他坚信，“只要获取海量用户，商业模式就会纷至沓来”，互联网模式会给各行各业带来爆炸效应。**

小米最大的“侵略性”就来源于它做产品的极致精神。

口碑

2014 年，在深圳举办的 IT 领袖峰会上，雷军解读了小米的**互联网思维。他认为互联网思维的核心就是口碑，即用“超出用户预期”的产品，来让用户替你做营销。**雷军强调没有任何一种推广形式比用户口碑更重要。

据说，小米手机发布的时候，黎万强制定了一个 3500 万的广告预算表给雷军。雷军当即就把预算表撕了，说：“我们能不能不花一分钱，通过用户口碑让小米成为中国乃至世界性的公司？”

雷军认为，只有不做广告才能真正测试出一个产品的口碑。在零预算的前提下，小米不做任何广告。2010 年发布 MIUI 的第一个版本，只有 100 个用户；第二周增加到 200 人；第三周有 400 人……不到一年，MIUI 拥有了 30 万个用户。这使得雷军坚信，**口碑传播靠的就是超预期。**

传统的口碑传播相信大家都不陌生，比如在茶楼、饭馆，人们喝茶吃饭的时候会通过闲聊传播信息。古装影视剧中的主人公初到一个地方，想就某事探听点消息，只要他在饭馆一坐，酒菜上桌没多久，准能听到邻桌恰巧正在议论此事。这就是典型的传统口碑传播。

这种口碑传播形式随处可见，但是速度比较慢，传播的内容往往也不够完整，且容易在传播途中中断。比如，影视剧中听到这个消息的人中途失踪，都很常见。而借助现在的微博、微信等社会化媒体平台，人与人之间的信息传播就变得更快、更便捷。以前传播一个消息，需要按月、天计算，现在则是在分秒之间就能实现信息共享。过去，必须有核心媒体的广泛报道，一些信息才会引起广泛关注和社会热议。现在反过来了，每个人每时每刻都可以发散传播热点，传统媒体反倒会从这些热点中选取有价值的信息加以跟进放大。

基于此，小米在口碑经营上，下了很大的功夫，也用心为用户做了很多事情。例如，小米刚上市的时候，曾出现过 30 万人在网上排队预订的情况，有的用户甚至等了 100 多天才拿到手机。小米深受感动，不仅给这 30 万用户每人发放了 100 元的现金券，还给他们寄去了精美的卡片，感谢他们对小米的支持。这些举动看起来微不足道，但却让小米形成了良好的口碑。

由于信息不对称，传统的商业传播往往就是砸钱做公关，凡事比嗓门大。如今，这种模式早已被新的社会化媒体所颠覆，“一夜成名”不再是什么稀奇的事情。你的产品好不好，企业自己吹牛做广告不算数了，消费者说了算。消费者说你好，你的好名声很快就可以通过社交网络传播出去。

信息的公平对等，使得我们身边的每一个人都成了各方面的“专家”。他们通过移动设备，随时随地发布自己的消费体验。比如，朋友、同事一起吃饭，上来一道特色菜，很多人不是立刻动筷子，而是先掏出手机拍照发朋友圈，不到一分钟围观的朋友就会点赞、吐槽或转发。所以，**移动互联网的影响下，企业要坚定口碑传播，并善用社会化媒体。**

快

雷军认为：“天下武功，以快为尊，唯快不破。在互联网时代创业，速度一定要跟上。” 小米的快，大家有目共睹，我认为主要表现在以下几个方面。

首先，对用户提出的意见反应快。从用户提出一个意见，到被小米采纳，并通过改进产品发布出来，前后只需要一周。这令传统手机企业大跌眼镜。诺基亚时代，手机三五年更新一次系统；苹果每年更新一次；google 每个季度更新一次；小米则每个星期都更新。雷军说：“产品一出来就要秒杀对手，这样才有意义！从来没有人看到小李飞刀是怎么飞出去的，因为见到的人都死了！”

其次，销售快。2013 年 10 月 15 日 12 点，10 万台小米 3 首轮开放购买，1 分 26 秒全部售罄；2013 年双十一，小米天猫旗舰店在 3 分钟内，小米手机 3 和红米手机全部下完订单，总支付金额超过 1 亿 780 万；2014 年双十一当天，小米在天猫销售手机 116 万台，销售金额 15.6 亿人民币，成功卫冕单店第一。

再次，维修服务快。小米所有的服务中心都漂亮得能让大家眼前一亮。小米要求，客户进去修手机，从进门开始，60 分钟内一定搞好。搞不好，每小时赔客户 20 元。

雷军认为“快”是互联网时代的必然选择，**“快就是一种力量，你快了以后能掩盖很多问题，企业在快速发展的时候往往风险是最小的，当你速度一慢下来，所有的问题都暴露出来了。所以，怎么在确保安全的情况下提速是所有互联网企业最关键的问题。”**

那么，支撑小米之快的原动力是什么？

一是扁平思维。

小米的快，得益于它的“扁平化”。小米的扁平化分为两个方面，一个是管理的扁平化，另一个是销售的扁平化。

管理的扁平化，就是小米组织的三级架构，核心创始人—部门领导一员工。团队稍微大一点就会被拆分。办公室的设置是产品、营销、硬件、电商……每个部门一层楼，每层由一名创始人负责，彼此互不干涉。除了几个核心创始人之外，其他人都是一线员工。公司通过加薪的方式来奖励成绩突出的员工，这样就不会因职位高低而钩心斗角，因为每个人考虑的都是如何把事情做好。

销售的扁平化，其实就是小米的直销模式。小米采用社会化媒体的“互联网营销模式”，在分销渠道环节，小米只走电商渠道，省下了一大块渠道铺货和商场入驻的费用。这么做，一方面最大限度地压缩了成本，降低了产品的价格，从而支撑起“低价抢占市场份额”的策略；一方面直接和用户对接，减少了中介干扰，做到了“快”。难怪小米从不大规模做广告，而更注重用户的口碑传播。

二是零库存，保证船小好调头。

小米手机的需求量非常大，但小米始终保持既定的销售规模和节奏。雷军解释说：“互联网行业瞬息万变，市场是不可预测的，今天卖得好，不能保证明天也卖得好。如果小米进行大规模的量产，市场变化了，40 万台的库存就能把小米压垮。船小好调头，小米维持着小船的模式，能更快速地应对手机领域、应用服务领域的快速变化，这将成为小米的一大竞争优势。”

所以不管外界诱惑多大，小米始终坚持把“快速反应”放在第一位。**在有效的控制下，小米销售只需几分钟，配送只需两天，生产环节最多三个月，整体反应速度非常快。这种快速反应模式在保证小米“零库存”之余，还能保证资金快速周转。**

三是资金周转快。

大家知道，资金是企业发展的血液，资金的快速周转能有效减轻企业在资金方面的压力，便于快速组织下一步生产。宏碁电脑创始人施振荣曾说：“速度本身就是成本，速度快可以降低产品成本，周转快、库存少可以加速资金周转的效率，但是降低成本却不见得可以加快速度。”

有业内人士表示，小米的资金周转率基本上是手机厂商中最快的，差不多每个月就可以转一次。那么，小米是如何保持这种快速周转的呢？

从小米整个产业链运转的资金周期来看，只有上游供应商那里存在一定的押款账期。中游因库存压货产生的账期，在小米这里基本上不存在。下游销售的回款周期方面，由于小米线上渠道都是网上支付，运营商渠道也要先付款后拿货，所以小米基本上在几天内就能拿到回款。这三个关键环节的健康、快速运转，成就了一个资金快速流转的小米。

此外，说到快，不能不提一下小米的吉祥物“米兔”。它也是雷军“快”字理念的一个体现。雷军开玩笑说：“为什么是兔子呢？因为天下武功，唯快不破，我们强调快，兔子是跑得最快的。”

在上述秘籍的武装下，小米科技用了5年的时间，做到智能手机销售全球第五，可以说是“不鸣则已，一鸣惊人”。小米模式重新定义了手机的制造和营销模式，并以颠覆者的姿态受到用户的喜爱和簇拥，也引发了同行的惊恐和追赶。

“七字诀”之外的群众路线[2]

在雷军看来，**除了互联网七字诀“专注、极致、口碑、快”之外，互联网思维里还有很重要的一条——群众路线，就是“深入群众，相信群众，从群众中来，到群众中去”，就是互联网开源社区的模式。互联网的低组织成本，可以让用户参与进来。**

雷军一直有个梦想，做一部好手机，用户有好的意见，研发人员马上就能改。小米团队认为：“我们做手机不是想把什么带给用户，

---

2 详见君联资本CEO CLUB第十四次活动上雷军的演讲。

而是用户需要什么，我们把它做出来。”于是小米发起了一场群众运动，设计了这样的模式：建立小米社区，每天有大量用户访问，提各种建议。研发人员吸纳建议后，小米每周发布一个新版的操作系统。操作系统比较复杂，对可靠性要求很高，万一出错后果很严重，但是小米团队一直坚持更新，并把用户参与做成了小米的一大卖点。

小米的很多功能都是群众发明的。这样就能解决研发人员不在具体的场景里，很多事情想不到的弊端。在这点上，雷军认为小米的 MIUI 跟苹果的 iOS 是完全不同的。MIUI“易上手”，看起来跟 iOS 一样简单，但是“难精通”，功能非常多，集大成。在设计方面，小米团队坚持“让用户有发现的乐趣”的理念。

用户给小米提的建议有上亿条，如果把这些建议打印出来，每个帖子只用一张纸的话，连起来就可以绕地球一周。但是小米刚开始创业时公司只有 14 人，正是因为人少，小米才想办法用互联网的开放模式，鼓励更多的网友一起参与。一开始 MIUI 只做了简体、繁体和英文版，在群众的参与下，不到六个月的时间，在创办当年的年底，全球的网友就帮小米翻译了 25 种语言的版本，在 17 个国家建立了粉丝站。

开拓台湾市场的时候，雷军的想法是，只要最大限度地把发烧友和粉丝聚集起来就一定能成功。但是由于台湾市场是极度竞争的市场，雷军一走进电信营业厅就感到了无比的压力：每个营业厅里只放了四部手机，苹果、三星的两部和 HTC one，小米一去就是第五名。台湾人的收入比较高，不会因为价格优势而选择小米。但是第一个媒体见面会，小米就吸引了不少米粉，雷军感受到了他们无比的热情，这使雷军坚信，小米需要的只是时间，就像当初开拓大陆市场一样去做事就行了。就这样，小米在各地陆续点燃了火种，雷军坚信星星之火可以燎原。

正是网友的参与，才使小米有机会一步一步成长起来。而且，

一个铁杆的用户参与了 MIUI 的设计，他会非常激动地跟他所认识的朋友、同学、同事去介绍小米。这样，小米的传播很快就会蔓延开来。这就是小米迅速成长起来的秘诀。

所以说互联网的研发模式很重要，它能最大限度地把网友聚集在一起，并且快速迭代。互联网是一种开放的思维，它比实体经济的手段发达，能以很低的成本集聚大量用户，能发动几百万人给小米提意见，甚至还可以动员一些重要用户帮忙筛选有用的意见。小米的经验是发动广大用户来提意见，一起来做手机，所以小米手机一发布就非常火爆。这就是深入群众，相信群众，从群众中来到群众中去的力量。

做自己企业的代言人

作为企业的老板，你肯定比任何人都了解你的企业，了解你的产品。所以，对很多企业来说，与其花大价钱请明星做代言，不如自己主动走向一线，去为自己的企业代言。一个企业家就要有为自己企业代言的勇气。

雷军便是利用这种另类营销的方式，把自己包装成小米的代言人的，而且还颇具明星号召力。企业领导明星化，使公众由关注企业领导，进而关注企业，是所有直接服务消费者的企业的一个明智选择。因为企业家走向一线，明星化后成就公司品牌，低成本、高回报，挑起的新闻远胜过投钱做广告。

互联网＋时代，企业家要勇于为自己的企业代言

现在越来越多的企业家越来越能说了，我认为这是好事，通过各种言论来打造自己，同时也宣传了自己的企业。一个企业家就要

有为自己企业代言的勇气。

10 年前，老有人说马云是骗子，但他的身边却不断汇聚起人才，这说明马云是个能将精神理念成功灌输给群体的人。这肯定跟他的表达能力有关，那就是太能说了。但光能说有时没用，如果没有强大的理念感召力与独特的人格魅力，不会有人年复一年地跟着你。比马云会说的人很多，但没有多少人像他那样谈梦想、价值观。马云演讲很少谈到产品。他更多谈愿景，以及对产业、人、社会的价值。马云能用几句话，一个场景就搞定了本来名气大过他的蔡崇信，由此可见其“嘴力”有多惊人。

自称不会讲话的雷军，嘴巴其实很会说。他不像马云那样有鼓动性，喜欢从产品讲起，落点一般是产品即服务、信息即服务、社会化营销、生态。雷军一般不正面攻击对手，而靠迂回、构建生态实现颠覆。目前小米与 360 是真正能对 BAT 构成威胁的二线互联网企业。**短短 4 年多，小米从无名品牌翻身成市值 450 亿美元的互联网科技公司，这跟雷军勇于为小米代言有关。他不断讲述小米的未来。有人说是为融资，恐怕只是一面，更重要的是小米的高速增长已经达到一个临界点，急需整合创意、内容、硬件及系统、分发渠道，并强化落地服务。**

在中国的企业家中，杨元庆也变得会“说”了，他说要加大与消费者的沟通。北方雾霾的时候，他现身“北马”，就是在创造“说”的机会。“说”也是职业经理人的技能之一。IBM 职业经理，总能将难以理解的复杂理念，转变成通俗易懂的项目语言。这个除了强大的知识背景，还需要良好的表达力。

王健林讲话缺少文采，但直接有力、不拐弯抹角、不容置辩。2014 年万达半年工作会议上，他说，中国要真正强盛，在国际上有话语权，需要上百家真正有跨国色彩、有跨国组织特征的企业，万达希望成为中国第一批真正的跨国企业。

当然也有其他会说的人。曾去美国做慈善、投广告的陈光标也很能说。很多人认为他言论滑稽，就是大傻帽一个，而我觉得他身上同样体现了中国商业的自信，只不过他是以一种变异、膨胀的方式来说的。

能说也是一种社会化营销的优势，企业家在这个层面发挥的效应比其他人更大。言论的力量，也是整个行业的文化力量。落到具体表达者身上，就是企业理念与文化的传播。

企业家品牌自营销，制造“雷军效应”

从20世纪初开始，国外就有专门为国家领导人服务的形象设计机构。后来，企业家们纷纷效仿，在实施产品品牌战略的同时，也开始倾力打造自己的个人品牌。于是就有了后来人们所熟知的比尔·盖茨、杰克·韦尔奇、史蒂夫·乔布斯等世界顶级CEO。他们都是经过品牌策划和传播推广造就的时代偶像，是企业家品牌自营销（CEO-Marketing）的结果。

CEO-Marketing是企业进行整合营销经常采用的一种方式，是企业通过突出其CEO的个人魅力、精彩观点、传奇事件等来推广宣传企业，使CEO在某种程度上成为企业的形象代言人和公关发言人，从而达到企业自身的公关目的。

在“品牌为王”的时代，企业家个人品牌和口碑，已成为企业营销最重要的工具。搜狐的张朝阳可以说是中国第一代互联网公司中最善于个人品牌营销的一个，当年他在天安门前玩滑板的酷照博足了公众的眼球。有人说他喜欢作秀，他回答说：“作秀没什么不好。CEO有一部分责任是面对公众，把公司的理念告诉公众。如果作秀能吸引人们的眼球，使人们的眼前一亮，就可以做。频繁曝光、被炒作是公司的市场策略，是为公司做贡献，这为我们节约了大笔广告开支。”这种观点反映了大众传播时代企业家们的经营思维和品牌策略。

在日渐多元化的互联网时代，企业老总都在有意无意、主动或被动地将自己包装成商业舞台的主角。企业家品牌形象传播已成为潮流，这种四两拨千斤的新营销方式已形成一套完善的系统。

崇尚顺势而为的雷军，从创办小米的第一天起，就非常注重个人品牌的价值，具体分析如下。

充分展示最光彩、最能调动公众情绪的一面

每个企业家都是多面的，进行 CEO-Marketing 必须将其最光彩、最能调动公众情绪、与企业形象最吻合的一面展示出来。雷军其实是个很“闷”的技术男，但为了使公众感受到小米 CEO 应有的个人魅力，他穿上了西装，打上了领带，最主要的是始终保持灿烂的笑容。外在包装是雷军进行 CEO-Marketing 的第一步。

第二步，展示雷军擅长的技术细节和对产品追求极致的魔鬼情结。为了让消费者满意，小米不惜一切代价，力争做到技术上最专业，并以此传递品牌的诚意。与此同时，尽可能地压低价格，哪怕不挣钱，也要让消费者能用接近山寨机的价格享受苹果机一样的质量。

这一点与小米一直宣扬的“高配低价”策略是吻合的。高性价比是产品营销的最高境界，一切的营销花言巧语都比不上让消费者得实惠。通过小米产品的销量，也可以看出雷军前期通过 CEO-Marketing 塑造的品牌形象是极其成功的，已经达到了让消费者心甘情愿抢着掏钱的地步。

制造热点事件免费营销

2013 年“中国经济年度人物”颁奖典礼上，雷军向格力董事长董明珠下战书，称 5 年后销售额将超过后者，否则愿输给董明珠一元。董明珠爽快接下战书，甚至把赌金提到 10 亿元。

很多人好奇，这次雷军和董明珠的赌约能持续多久？谁将赢得这场赌局？其实不管结果如何，**这场赌局已经在瞬间让双方登上无**

数媒体的头条，引无数人关注，营销效果十分显著。最重要的是，以这种方式赢得关注不仅是免费的，而且比打广告更容易让人接受。

善用社交平台扩大影响力

雷军非常善于运用社交媒体来扩大影响力。他是一个“微博控”，他发布的微博几乎都和小米的营销紧密相关。不管是媒体报道，还是“米粉”的抱怨或称赞，雷军看到了都会顺手转发或者评论。小米成立早期，雷军每天的主要精力都花在与“米粉”打成一片上。如果看中某个粉丝的创意，他不仅会在论坛里使其迅速扬名，甚至还会邀请对方加盟小米。这些举动无形中就会把很多话题炒热。

小米早已形成全方位的立体社交营销系统，仅微博方面的营销阵容就足够庞大：企业微博有 @ 小米公司，产品微博有 @ 小米手机，论坛微博有 @ 小米社区，领导人微博有 @ 雷军、@ 黎万强等，粉丝团微博有 @ 小米粉丝后援会等。通过这些平台，雷军可以搜集信息，和粉丝沟通，倾听其心声。

此外，雷军也很重视“米粉节”等与粉丝直接沟通的机会，除了交流想法之外，他还会赠送粉丝一些他精心准备的礼物，比如玩具汽车、小米自制玩偶等。

就这样，雷军效应出现了，雷军培养出了一大批忠诚热情的“米粉”，并形成了呼风唤雨的影响力。

企业家是企业的名片，企业家的个人品牌是对企业品牌的诠释和补充，把企业家明星化，让企业借此大力撬动外界资源，是一种低成本、高回报的经营策略。因为快速捧红一个具体真实的领军人物，肯定要比塑造培育一个理性抽象的企业品牌要容易得多，成本也低得多。

成功的 CEO-Marketing 不仅能为企业增色，而且有助于增强投资者的信心、消费者的信任和内部员工的信念。值得注意的是，进行 CEO-Marketing 必须充分考虑企业的产品或服务以及所处的行业。

如果你的企业属于新兴行业或高科技行业，经营的产品或服务是大众化的、时尚的、需要注入文化内涵的，需要通过不断曝光来吸引公众的注意力，那么你就可以考虑 CEO-Marketing。以张朝阳、江南春、王石等为代表，他们所处的行业需要激情、活力、文化等，特别是王石的攀登珠峰和南极探险，不仅仅是他个人的追求，也是他试图表达万科集团坚韧、超越的企业精神的最好途径。

如果你的企业较为传统，产品和服务的对象也较为特定，如煤矿、大型工程机械设备等，你则需要以更为务实、可靠的形象出现在公众视野中，CEO 形象过于突出反而对企业不利。但目前国内的一些传统行业，在企业并购整合等大事件的推动下，企业核心人物也频频出现在聚光灯下，进行适当的 CEO-Marketing，如谢企华之于宝钢，陈峰之于海航，但相对来讲就要低调一些。

总之，**CEO-Marketing 不是企业家一个人的事情，它需要整个企业团队的整体策划、配合与协作。只有做好了公关规划，在实施中灵活运作，才能将 CEO 个人最光彩的一面呈现在公众面前，才能彰显企业精神和品牌文化，才能成功借助 CEO-Marketing 驱动企业成长。**

有高超的资源整合能力

在现在的商业模式下，传统企业如何根据自身的特点，借助互联网手段，通过资源整合，将企业内部彼此相关但却彼此分离的职能，把企业外部既参与共同的使命又拥有独立经济利益的合作伙伴，整合成一个为客户服务的系统，构建起“平台竞争”的新优势，已经成为互联网时代企业竞争的关键。可以说，互联网时代，已经成为一个考验企业老板资源整合能力的时代。

雷军在阐述其互联网思维时反复强调：“我们要继续坚持与伙伴合作共赢。小米的成绩是和富士康、英华达、高通、联发科、英伟达等携手达成的，我们将跟优秀的合作伙伴一起开创行业新格局。”坚持和用户交朋友、坚持产品为王、坚持与伙伴合作共赢，被称为小米创业的“三大法宝”。此外，小米还善于借助媒体之力，增强宣传和公关的力度。在这里，我重点分析一下雷军如何整合周边的各类资源，并为已所用的。

通过“微笑曲线”分析小米的核心竞争力

管理是以流程为核心的，商业模式是以价值链为核心的。价值链这个词是由管理大师迈克尔·波特提出的，他认为，企业的价值创造是通过一系列活动完成的，这些活动包括生产、销售、服务、后勤等等。这些相互关联的生产经营活动，构成了一个价值创造的动态过程，即价值链。

也就是说，“每一个企业都是在设计、生产、销售、发送和辅助其产品的过程中，进行种种活动的集合体。所有这些活动可以用

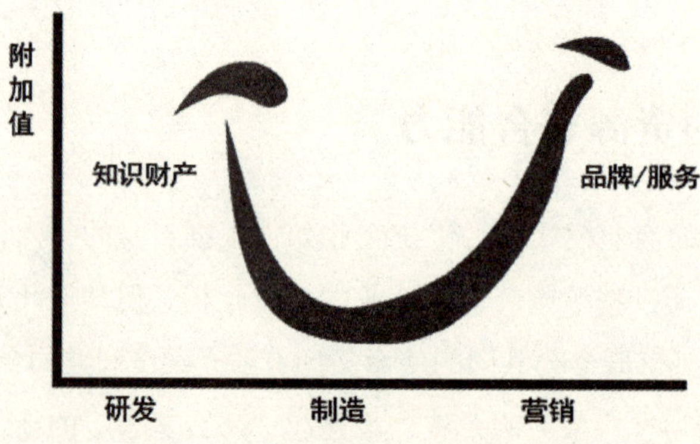

“微笑曲线”示意图

一个价值链来表明。”

迈克尔·波特在其价值链分析模型中强调，**产业链的不同阶段增值空间存在很大差异，维持上下游竞争优势对构建企业核心竞争力意义重大。**

根据这一定义，我们来分析小米的产业链。小米公司的生产经营活动主要包括从研发设计，到生产制造，再到销售、服务几个大的环节。

第一个环节，研发。研发团队负责研究开发小米产品的性能，然后进行外观等的设计，并据此采购原材料、零部件。

第二个环节，生产。由小米的代工厂完成产品的生产组装，然后发往仓储物流中心。

第三个环节，销售。首先是官网预定，然后仓储物流中心根据预定情况负责配送货物。

第四个环节，服务。小米客户服务中心提供售后维修和技术支持等售后服务。

通过上述分析，我们很容易看出小米公司的价值选择符合“微笑曲线”。“微笑曲线”是20世纪90年代初宏碁电脑创始人施振荣先生提出的。结合迈克尔·波特的价值链分析模型，施先生指出，在PC行业乃至整个制造业，附加值较高的部分主要集中在产业链的两端（研发和市场），而中间的组装环节属于劳动密集型环节，在标准化作业的冲击下，利润率较低。以PC产业为例，它的附加值线条是一个两头高、中间低的U型曲线，看上去就像微笑的嘴唇，因此被称为“微笑曲线”。

根据这一理论，没有研发能力的企业只能做代理或代工，赚一点辛苦钱；没有市场能力，再好的产品，过了产品周期也会变成废品。所以，企业只有不断往附加价值高的价值环节移动与定位，才能持续发展与永续经营。微笑曲线理论虽然很简单，但却务实地指出了企业未来努力的方向和策略。这一理论如今早已超越 IT 行业，被运用到了各行各业的管理当中。

根据上述理论，我们来分析小米公司各项业务的附加价值。我们建立二维坐标，横轴分别是小米价值链的几个细分环节：研发—设计—采购—生产—仓储物流—销售—服务。纵轴代表各价值环节的附加价值。我们很容易就能得出一条典型的两端上扬，中间下沉的微笑曲线。

很明显，小米业务的附加价值主要集中在价值链上游的研发、设计环节和价值链下游的销售、服务环节。价值链中游的生产制造环节投入的成本高，但附加价值最低。基于这种分析，小米采取了“两条腿走路”的办法来维持自己的核心竞争力。

一方面，为了集中精力专注于附加值高的环节，加大对价值链上、下游环节的改进力度，小米创造性地把传统企业在价值链下游服务的客户带到了价值链上游的研发环节，邀请用户参与讨论功能需求，并且将工程样机分发给真实用户试用。这么做不仅实现了服务全程化，而且真正实现了高附加值环节（研发和销售）的巧妙结合。而且随着研发能力和服务水平不断地提升，小米的品牌影响力越来越强，对代工厂的谈判优势和控制力也会与日俱增。

另一方面，对于价值链中游的低附加值环节，小米注重黏合供应商和代工企业，想办法把这部分业务交给合作的代工工厂去完成。与代工企业的密切配合，不仅弥补了小米自身的不足，而且能确保小米自身不至于因体量过大而对市场反应迟缓。

总的来说，这两方面既相互独立，又紧密地协作配合，从而保证小米能够有效地整合直销模式、粉丝经济、电商渠道、互联网营销等，有效地缩短了产业链，提高了资金效率，成功绕开了传统产业中的渠道壁垒，建立起了能够快速应对市场需求的零库存模式，并逐渐形成一定的准入门槛。这就意味着，通过对价值链的整合，小米打造出了一套别人难以模仿的商业模式，确保了自身的核心竞争力。

整合资源，打通产业链的每个环节

通过小米的“微笑曲线”，我们知道小米产业链的中游，也就是采购和生产环节是靠零部件供应商和代工企业来维持的。在这两个环节，小米就像一个采买员，想要把高性价比的王牌打出去，它就必须以最低的价格买到最好的东西。也就是说，小米必须要跟一流的供应商和代工企业合作，通过采购而非自身生产硬件的方式来整合产业链。

作为一个初创企业，小米进入的是一个日渐成熟、竞争激烈的红海市场。这一方式虽然能够确保它机动灵活地应对市场的变化，但对于当初没有品牌、没有工厂、没有销售记录的小米来说，要说服一流的企业跟自己合作却并非易事。那么，雷军是如何打通每个关节，最终掌握那些优质的供应商资源的呢？

黏合供应商

雷军原以为做手机跟做 PC 一样，买个元器件就行，后来发现不是，手机里面绝大部分都是电子件，这意味着合作商需要投入一定的研发资源，甚至需要根据客户的要求添置设备、建造工厂，要承担巨大的风险。所以每一家供应商在选择合作伙伴的时候，都异常小心。

谁都想跟优秀的企业合作，而一流的供应商，肯定不缺合作者，而且与之合作的企业往往也都是行业的翘楚。强强联合能够打下坚实的利益基础，而利益直接决定着合作的忠诚度。在这种情况下，小米想挤进去抢饭吃必然困难重重。

小米的几个合伙人都是各行业的翘楚，人脉都很广，然而出乎他们意料的是，当他们以小米公司的身份联系这些供应商时，对方最后都委婉拒绝。因为大型的手机元器件供应商在选择合作对象时，往往会先调查其背景。而初创的小米甚至连失败的经验都没有。

就这样，初出茅庐的小米遭遇了供应链断点的窘境——全球100强供应商中，有85家表示不愿意与小米合作。面对这种情况，雷军和小米的部分高管放下其他事情，重点解决元器件的供应问题。

雷军首先拿出了足够的诚意。

2011年3月11日，日本东北部海域发生9.0级地震并引发海啸，随后，福岛核电站出现核泄漏。很多人纷纷逃离日本。雷军虽然也有点担心，但是为了尽快做成手机，两周之后，他与林斌、刘德一行毅然飞往日本，与夏普谈判屏幕供应的问题。

抵达夏普总部时，整栋大楼只有雷军他们三人。对于中国友人的到来，夏普高层表示了浓厚的兴趣，也深受感动，和他们从早上8点一直谈到晚上11点，直到他们会晤的那家星巴克打烊才算结束。经过这次商谈，夏普同意为小米供应LCD触屏。

再就是强调与众不同的模式。

雷军知道小米的牌子不够响亮，只有采取毛遂自荐的方式，才有利于对方接受。为此，雷军向手机芯片厂商高通强调小米非传统的业务模式，尤其提到他们专门为小米手机开发的MIUI操作系统。MIUI可以根据发烧用户的意见改进、更新的做法，引起了高通的重视。

高通认为MIUI的开放式创新将会前途无量，并因此产生了合作意向。也就是说，在小米手机成形之前，它的功能就已经深深地吸引了供应商，这不能不说是产品的一大成功。

当然，雷军自身的人脉及以前的经历，对说服供应商也起到了很大的作用，“大家都愿意跟成功者合作，不过，他们的信任也不是一开始就建立起来，我在这个圈内还是有很多朋友，”这些朋友的帮忙有助于谈判的展开。在谈判中，雷军对供应商最有力的问题是："你们为什么要错过中国下一个黄金十年？"

刘德最经典的谈判台词是："你不挣钱没事儿，你错过了占坑可是大事儿。万一我们将来做成了，你就丧失了巨大的机会。"

高通公司认为小米代表了移动互联网时代的新模式，"现在谁也看不清楚（小米的商业模式），我们跟他们合作就是先入为主，抢占一个先机。"

还有保持做事业的心态。

元器件的供应问题基本解决之后，要投入流水线生产，就要找代工厂。这时候大家可能都会想到为苹果代工的富士康。但是雷军回忆说，富士康当初理都不理小米。

富士康没戏，小米又接连谈了两三家，结果都不了了之。雷军最后把目标锁定英华达，就是英业达集团的子公司。雷军当时要说服的关键人物是英华达的董事长张景嵩。雷军跟他谈了三次，向他讲解了小米的铁人三项、小米的远景目标、近期计划等。张景嵩觉得雷军的想法是靠谱的，而且他觉得雷军能处处保持"一致"，没有当面一套背后一套，所以他选择赌一把。

一个企业想要做好上游供应链，就必须要有与供应商共同成长、共同进退的心态。盲目更换供应商、加工厂是合作的大忌。小米成功之处就在于，它让英华达和它一起做事业，而不是做生意。比如，随着小米出货量的稳步增长，英华达把大部分代工小米的利润用于新增产品线，实现了双方的共同成长。

一部小米手机大约需要800多个零配件，来自400余家供应商。从芯片到屏幕，从电池到代工，没有一家厂商的谈判不是费尽周折。在五个月左右的时间里，小米的负责谈判的高管见了1000多人。2011年，小米终于敲定了几个关键供应商。与此同时，富士康也答应负责装配新款的小米手机，成为小米手机的第二家代工厂。

在和供应商建立了亲密融洽的合作关系之后，雷军又通过精准的合作模式，让小米以近乎零损耗的方式飞速运转起来。在这种高效的磨合中，让小米尽可能少出错误，或者出了错误快速化解，从而维护了这个新生品牌的良好形象。

借力合作伙伴

雷军作为天使投资人投资过一系列“雷军系”企业：在宣传线上，他有资深媒体人林军的线上媒体——专注移动互联网报道的雷锋网以及线下的社交会议组织长城会；在电商线上，他有凡客诚品、乐淘、尚品网；在入口线上，他有UCweb、拉卡拉、多看等；在社区线上，他有旅人网、好大夫、多玩等；在软件线上，有金山、可牛、喜讯无线等。

也就是说，在小米创业伊始，雷军就已经谋划好了一个全链条的互联网投资布局。**雷军的策略，就是要以小米为核心，展开资产互助，有效盘活自己打造的资本版图，从而满足小米发展的各种需求。**

2011年，小米手机首发现场的一段视频更说明了这一点。视频里，雷军系的几个大公司的CEO，比如凡客诚品的CEO陈年、UCweb的首席执行官俞永福、拉卡拉CEO孙陶然、尚品网的创始人赵世诚、多玩游戏的总裁李学凌以及乐淘网的创始人毕胜等，同时现身为小米助阵。为了表示对小米的支持，这些大佬齐刷刷地把手里的旧手机扔在地上，其中大部分为iPhone。

这段视频隐喻的就是，日后无论是在经营层面，还是在资本层面，小米都将跟这些公司展开密切的合作。下面具体分析：

小米与雷锋网、长城会。每当小米有新品发布的时候，排头兵雷锋网都会率先放出消息，为小米造势。而长城会不仅为雷军和小米在移动互联网同行中树立了一个正面光辉的形象，而且在多个公开场合，都会将雷军安排在最重要的演讲位置，以便媒体聚焦关注。

小米与金山。小米与金山都是雷军的孩子，它们之间的合作非常紧密。游戏需要发放奖品，而手机又是大众化的消费品，二者结合再好不过了。所以，金山所有游戏的奖品，几乎都是小米手机。除了直接带动小米手机的销量外，金山网络在软件上的积累，也为小米在云端的需求奠定了基础。例如金山快盘为每一部小米手机都提供了 15G 的云存储空间。

小米与凡客。凡客诚品曾连续多次限量销售小米手机，这一方面提升了小米的曝光度，另一方面也通过变相倒流量，为凡客带去了超百万的用户 PV。虽然凡客和小米的用户重合度不高，但他们在消费能力上比较接近，因此几次销售活动下来，还省去了凡客数百万的推广经费。而在小米 1S 青春版的发售页面上，也打上了凡客的广告，小米手机在微博上搞活动提供的奖品，也是由凡客提供的。

小米与多看。多看在水木社区发布的招聘启事中，公开提到了“小米科技是兄弟公司，必要时可以与小米共享源代码、供应链等各种资源”。显而易见，多看将有可能和小米进行深度整合，以抵抗亚马逊的 Kindle。亚马逊靠自身做成了一个生态，而雷军则以投资整合的方式打造出了一个中国化的生态群落。

……

在雷军系企业的帮助和配合下，小米打通了一个又一个关卡。随着小米声势的壮大，这些企业也从小米身上得到了相应的回报。小米手机的预装软件里面有金山词霸、凡客、多看、乐淘、米聊、金山快盘、WPS 等多款雷军系公司的软件，小米为这些软件公司带来了以百万计的安装量，以当下安卓渠道市场 1.5 ~ 2.5 元 / 个的 CPA 费用计算，小米为这些软件公司节省了数百万元的费用。

雷军率领雷军系企业持续进行着资源的整合，小米不仅是雷军的好生意，更是整个雷军系企业共同演绎的一出好戏。

维护媒体，助力品牌发酵

一个品牌要想取得成功，除了过硬的产品之外，还要有很强的媒体公关能力，而雷军恰恰就是这一领域的高手。小米本身是一个存在着极大争议的品牌，然而其创始人雷军却能够保持良好的媒体人缘。不管是哪一种媒体，哪一类型的记者，他们只要对雷军提出采访要求，雷军一概笑着接受。雷军很清楚，**媒体不是谁的敌人，只要平心静气、坦诚相待，他们也乐意充当你和外界认知的桥梁。相反，如果你对媒体生来存在偏见和敌视，那么等待你的肯定也是舆论哗然。**

这也是小米能够在国产手机包围圈中崭露头角的一个重要原因。的确，小米的整体实力或许与华为和联想相比还有些差距，但小米的知名度绝对不在二者之下。**让小米成为标志性国产品牌的原因主要有两个。一是雷军的个人影响力，雷军在金山多年积累了丰富的媒体资源；二是小米长期的品牌运作策略，自小米创立之初，雷军就十分注重维护与媒体及政府的关系。**

纵观小米近几年在新闻媒体和重大活动中的表现，不难看出，雷军最擅长玩事件营销。

2013 年 10 月 22 日中午 12 点，小米举行开放购买活动时，邀请媒体记者到小米网电商研发现场，进行全程围观和监督。这次开放监督被黎万强称为小米的“主动露底裤”活动。这次活动不仅消除了部分公众对小米恶意搞“饥饿营销”的质疑，同时也给了小米一次在公众面前露脸展示自己的机会。

小米对媒体的来者不拒，促成了媒体对它的客观、公正的认识，不因误解而与媒体产生嫌隙，媒体才会变成你的朋友。

此后不久，也就是 2013 年 11 月 3 日，小米手机用互联网思维改造手机行业的新闻登上了央视新闻联播的头条。一时间，小米名声大噪，互联网思维也成为街谈巷议的焦点。

小米能将品牌植入到新闻中，尤其是像新闻联播这种国家级别的重量级媒体中，营销价值是无法估量的。虽然报道中国企业的发展状况是做新闻的一个理想选题，但是小米跟央视主流媒体，此前一定保持着良好的交流，这样对方在有了选题之后才会直接采用小米。这与小米的媒体合作意识是分不开的。

2013 年的 12 月 12 日，在 CCTV 年度经济人物评选颁奖现场，雷军又和董明珠展开了 10 亿元的赌局。将两种模式完全不同的企业放在一起 PK，很可能是央视做的一个特别策划。但借此机会，雷军又为小米做了一次颇有分量的广告宣传。

在随后不久召开的北京两会上，雷军再次回应了和董大姐的赌局，对此次事件又进行了二次热化。

事件营销往往和危机公关连在一起。

比如，此前美国《华尔街日报》经常称小米是“中国山寨企业”，无形中小米就成了山寨之王。不知道美国人如何理解山寨这个词，但是在汉语中，山寨绝对是个贬义词。对此，雷军积极地希望《华尔街日报》给小米正名，于是就有了一次全新的采访报道。2013 年 10 月 7 日发行的《华尔街日报》刊登了题为《暴发户小米如何搅局中国智能手机市场》(How Upstart Xiaomi Rattled China's Smartphone Race) 的评论文章。这篇文章客观地介绍了小米的发展和业绩，向全世界介绍了小米的成功经验和光荣历程，“山寨”一词也就不攻自破了。

再比如，公众对小米几分钟内抢购售罄消息的质疑，引发包括央视在内的不少媒体，都将枪口对准了小米的开放购买活动。小米副总裁黎万强马上回应，向媒体和用户开放小米生产线，以证明小米的清白。

总的来说，雷军借力媒体进行品牌发酵的策略，大致分为三个阶段。每个阶段都可以用两个字来概括。**一是小米品牌创立阶段，**

小米手机符合互联网和智能终端的发展趋势，可以概括为顺势；二是小米刚刚起步的阶段，利用互联网和米粉展开传播，不断地营造各种声势，可以概括为造势；小米逐渐成长起来之后，雷军利用对央视和政府公关规则的熟悉，获得了一次又一次的推广机会，其实是在借势。

爆炒米粉，征战海外市场

小米早已不满足在国内市场独领风骚，它希望到更广阔的舞台上去尽情地表演。可以看出，雷军早有冲出国门的意向，他一直率领小米积极拓展新加坡、台湾地区和香港地区的市场。每到一地，小米超高的性价比都能让当地消费者眼前一亮。

雷军很清楚，单靠自己和小米团队，目前还无法让小米成为一个世界级的大企业，他必须要整合小米周边所有的资源，推动小米快速前进。其实，**与其说雷军是在整合资源，不如说他亲手为小米缔造了一个和谐的生存环境，让更多有实力的企业和人，帮助他将小米炒成“爆米花”。**

雷军从来就不是一个人，小米也不是仅仅依靠它的团队，它有着万千粉丝的支持，更有着雷军系的力挺。小米手机的营销，和雷军系中的各个巨头都产生了有效的结合。雷军很智慧地让小米的身边聚集了一群能够为它呼风唤雨的左膀右臂，践行了他提倡的互联网思维路线，以小米为原点，延伸出一条条通往罗马的康庄大道。

这就是小米互助会的力量，从狭义上讲，它主要包括雷军系中的主要成员；从广义上讲，还有雷军苦心配置的万千米粉。他们站在不同的位置，把守着不同的阵地，给小米提供了各种有力的火力支援。这种互相促进、双赢共生的模式，真正顺应了互联网“大同世界”的发展趋势。

在小米准备登陆东南亚市场之际，就表示想要借助当地的“米粉”，推广小米的产品，去冲破语言和文化带来的国界障碍。当然，由于海外“米粉”的数量比不上大陆和台湾地区，因此主要依靠低价来吸引用户。在海外市场，小米可能会沿用在台湾地区的扩张战略，首先通过台湾网站接受订单，然后直接发货。通过建立分销中心、组织活动的方式邀请 400 位用户到场，为他们提供软件建议。

小米正在借助粉丝之力展开积极的尝试，不断寻找各种方式来积极扩大规模。2014 年，小米将把目光瞄准东南亚市场，因为那里人口众多，而且距离中国相对较近，有可能凭借低价高配的手机培植新的忠诚粉丝。

2014 年 12 月，在国内遭到疯抢的红米手机，成功将热卖势头延续到了印度市场。根据小米联合创始人林斌在微博上公布的消息，红米 Note 在印度市场首次开抢的首批 5 万台现货在 6 秒内就全部售罄，甚至比国内小米官网的抢购速度还要快上许多。红米 Note 在印度的开卖，成为小米手机首次进入东南亚市场的一次成功试水之举。

雷军就是依靠着他所能看见、所能想到的一切力量，爆炒小米，红烧小米，让全世界的人都能感受这个产品的非凡魅力。

现在是一个变革的时代，所以企业家都需要搭建新圈子，不论是自然资源还是社会资源都需要重新整合，提前准备，提前思考，提前占有，你才可能取得 1+1>2 的效果。

“雷布斯”的光环还能顶多久

人们对雷军的概念一直是“中国的乔布斯”，小米也被认为是最有“苹果”气质的产品。因为乔布斯，人们又戏称雷军为“雷布斯”。过去五年，雷布斯引领了中国智能手机的一个潮流，但五年之后呢，当强敌环伺，当市场占有下降之后，“雷布斯”的光环又还能顶多久呢？

“雷布斯”的由来

1982年，一本《硅谷之火》点燃了雷军的梦想。书中乔布斯等人的创业故事带给雷军的启迪是：**“你要是有梦想不妨一试，那样你也许真能办成一家世界级公司。”**

雷军认为20世纪80年代是乔布斯的年代，他是全世界的IT英雄，他的光芒罩住了所有明星。他就是好莱坞大片。风云变幻，他始终在那里。他经过离开苹果的12年，1985年离开，1997年回来，12年的历练，当他重新回来的时候，依然熠熠发光。比尔·盖茨在90年代初成为时代巨星时还说过：我不过是乔布斯第二。

2010年8月18日19点52分，雷军在微博上说：“【人因梦想而伟大】 二十多年前，我看了一本关于Steven Jobs的传记，就梦想创办一家世界级的公司。虽然目前离这个目标非常遥远，但我一直有一个自信：毕竟我比Jobs小十五岁，我还有机会！一本书、一个人的影响，改变了我一辈子。你有什么样的梦想？是什么原因让你有了这样的梦想？”

雷军对乔布斯的崇拜，促使他成为苹果的“忠实粉丝”，并对苹果进行了大量的研究。这些研究也直接影响了小米的发展战略和商业模式。

2011年雷军在Techcrunch Disrupt大会上曾对媒体解释过他做小米手机的初衷。

雷军说，“2007年苹果发布了iPhone之后，在过去的5年时间里，全球的手机行业全部都晕了，他们基本上跟不上这个时代的发展。我创办小米是因为我看到了这个机会，iPhone的成功是将软件、硬件、互联网服务融为一个整体，我把这个叫‘铁人三项’，全球前五大手机厂商基本上是硬件公司，硬件公司做不好软件，软件公司又害怕做硬件，所以我想将小米创办成‘铁人三项’公司——同时做软件、硬件也做互联网服务的公司。我认为这是一个巨大的切入点，只有这种切入点才有机会在新的手机时代立住脚。”

在此基础上，美国《纽约时报》网站在 2013 年 6 月 4 日的报道中称，“身为企业家、亿万富翁和乔布斯的忠实追随者，雷军正把他和他的公司看作乔布斯的继承人。”网络上也有很多文章在不断地印证雷军一直以苹果为学习对象，为自己树立乔布斯追随者的形象。这方面的“证据”主要有以下几个方面。

设计方面

首先是系统设计方面。

苹果 iPhone 的精髓在于硬件与软件的完美搭配，使其用户体验远远超过当时市场上的 Android 手机，而且苹果通过 App Store 构建了一个生态系统，并依靠销售手机应用赚取超额利润。

对比着来看 MIUI 的设计，很多人会发现 MIUI 不再是 Android 原生风格，而是一个披着 iOS 外衣的 Android 机器人。MIUI 放弃了 Android 桌面和应用两套系统的做法，而是像苹果那样将所有应用均放置在桌面上，以获取更好的用户体验。

此外，MIUI 的扁平化设计、图标的拟物化等也都跟苹果的 iOS 很像。

其次，产品设计方面。

在产品设计上，iPhone 4 完美的工业设计曾获得了人们的一致赞誉，也值得其他手机企业学习。Joshua Topolsky（现任《The Verge》的主编，2010 年在 Engadget）在评测文中称赞它是“Dieter Rams 的 Braun 式复古 - 未来风尚设计”，乔布斯“优美的老莱卡相机”的比喻是非常恰当的。而 Computerworld 的 Mike Elgan 称其为“工业设计的奇迹，外形和功能完美结合”。小米 4 发布之后，有人惊呼：

和 iPhone4 长得太像了，特别是那个边框！

还有人认为，小米盒子和苹果 TV 也十分相似；小米路由器 Mini 的设计灵感似乎也源自苹果 Magic Trackpad。

有人甚至认为就连小米产品宣传页的设计都在学习苹果，比如，小米盒子和苹果 TV 的宣传页都是用右手握着，几乎一模一样；小米平板 Mi Pad 和多彩 iPhone 5c 的宣传页设计也十分相似等等。

产品模式方面

在产品策略上，苹果是由 iPhone4 到 iPhone4S 这样的版本迭代。小米每年也只发布一款手机，即大家熟知的，发布了小米 1 之后，会发布小米 1S。这一点和苹果的产品迭代策略十分类似。

在产品布局方面，小米也像苹果那样，在手机之外，推出了路由器、小米盒子、小米电视等一系列产品。

生产模式方面

在生产模式方面，苹果不自建工厂，选择富士康做代工生产手机，小米也找代工，自己只负责研发。

营销方面

在营销方面，苹果有饥饿营销，小米也饥饿营销；苹果有“果粉”捧场，“果粉”雷军就孵化出一批“米粉”，也通过粉丝营销来推广产品。

此外，还有人发现，小米不仅在产品、营销、设计上学习苹果，甚至包括举办发布会的方式，雷军的着装、手势，PPT 的设计都学自苹果。在小米 4 的发布会上，雷军再次身着蓝色牛仔裤、黑色 T 恤衫，和乔布斯当年在发布 iPhone4 时的着装十分相似，而且雷军还借用了乔布斯的话“One more thing……”作为发布会的结束语。

这些现象在眼球效应的作用下，一步步加深并坐实了雷军“雷布斯”的称号。

“雷布斯”也焦虑

2014 年时，雷军曾在小米的内部会议上表示，小米手机在国内市场的占有率已经超过了 15%，如果增长到 25%，小米就会遭遇瓶颈。**从硬件领域出发的小米，最大的弱点就是永远不可能像互联网产品一样实现垄断，即便是风头无两的苹果也不能够满足所有人。**

从智能手机的发展态势来看，增长放缓几乎是必然的趋势，看看 2015 年整体的经济环境就能知晓。同时这也意味着雷军得以依赖的风口已经过去了，行业的井喷期也过去了，随之而来的发展红利也在逐渐消失。小米 2015 年同比增长约为 30.8% ~ 63%。看似增长很多，但对比小米过去 5 年动辄 200% 的成绩就能知道，小米的增速有了很大程度的下滑。

小米正在走过一段黑暗的道路。那些被小米超越的手机玩家正在学习小米，学习小米成功的一切元素。比如，华为成立荣耀的线上品牌，联想、魅族也推出了乐檬、魅蓝等，与红米血拼。

当小米的模式、产品被模仿以后，小米原来引以为傲的产品特色很自然地就会被冲淡，而且竞争对手也在逐渐掌握防御小米的方法。瓶颈，几乎无可避免。

目前，售价 699 元的红米 2 是小米最畅销的手机。低价位的红米系列几乎占到了小米销量的 70% 以上。伴随红米系列的畅销，联想的乐檬 K3，魅族的魅蓝、魅蓝 Note，华为荣耀 4X 也在迅速崛起。毫无疑问，千元以下的智能手机，小米依旧主导市场，但市场份额已经被逐渐稀释。

就算是千元以上的手机，小米的进展也并不顺利。据统计，2015 年 5 月、6 月，在中国移动入网的小米手机共 690 万台，其中小米 4 共计 139 万台，小米 Note 约 15 万台，占比分别为 20%、1.5%。小米 4 在 2014 年 7 月问世，售价 1999 元，在 2015 年 3 月、5 月先后两次降价，目前售价1499元。根据小米公开数据，截至2015年6月，小米 4 销量接近千万，略低于小米 3 的销售速度。而被视为小米高端路线，售价 1999 元、2999 元的小米 Note，表现一直差强人意，小米甚至不曾公布小米 Note 销量。

但对比之下，华为公布的高端手机 Mate7 销量 500 万、P7 销量月 700 万，P8 发布 2 个月销量百万，其售价均超过小米 Note。同时，对标小米 4 的荣耀 6 表现与小米 4 也基本持平。

如果说别的手机玩家在学习如何防御小米，华为却已经实实在在地在侵蚀小米。市场、手机厂商之间正在形成一个新的平衡点，小米将很难保持一家独大的格局。

在这种情形下，**小米需要重新找到一个破坏性创新，去打破平衡，就像当初它的崛起一样。**

2015 年 5 月，雷军在接受媒体采访时曾表示："智能手机行业进入了创新瓶颈期。"不过，雷军认为，手机行业的痛点依然存在，"用户永远觉得电池容量不够，画面的效果不够好，在产品上还是有提升的空间。"

小米需要耐心去酝酿下一次变革，但是，绝大多数投资者对于增速放缓的容忍度为零。**这也是增长瓶颈给小米带来的最大危机：身后逐渐放缓的旧的手机业务以及正在对它围追堵截的同行业厂商，前方的生态则还并未打磨完成，内容和硬件也尚未打通。**

曾有消息透露，雷军近来很是焦虑，这种焦虑并没有随着小米占领中国智能手机市场销量第一而缓解。现在来看，他的焦虑应该是有道理的，因为小米最强大的时候，其实也是它最脆弱的时候。

"雷布斯"的光环还能顶多久

2015 年小米增速的放缓，变成横梗在雷军心头的一大难题。不可否认，雷军一段时间以内确实把小米做得风生水起，但是在强敌环伺及生态布局尚未完成的当下，不知道雷军会不会迷失？

至少从某种程度上来看，雷军的互联网思维，打造的“七字诀”理念，为小米血拼代言，的确在一定程度上引爆了互联网。但火过之后呢，无论是业内，还是媒体，都可能从这股热潮中冷静下来，不再是艳羡追逐，而是冷眼旁观。

原来小米那种看似超前的互联网手机模式，由于很容易被模仿，变得已经不是小米一家专享，而是行业共用，越来越多的手机厂商更是不甘市场份额被侵蚀，也在互联网手机上发力，致使小米的优势逐渐消失。如此一来，小米手机的危机更重。

雷军说：“有人说智能手机的创新到了瓶颈期，我同意，但不是坏事。厂商会更用心做好每个细节，因为用户还是有痛点。比如电池容量不够，画质不够好，这两点永远是痛点。”性价比是小米的DNA，但受市场的冲击，小米品牌能不能真正植入用户内心，还需要时间。

至于小米成功与否，现在下判断还为时过早。但不可否认的是，这一切并不取决于主观愿望，而在于“中国乔布斯”雷军自己，只有雷军从焦虑中回复冷静，才能够决定这一切。

第三章

小米的养花经
——小米的管理核心

如果小米是一朵奇葩，这个鲜花盛开的秘诀离不开其独特的管理。在互联网时代的商业模式下，企业管理层必须抛弃一些传统的管理思维，反过来在动态、混沌和复杂的企业环境中，充分利用互联网模式，来对企业的管理思想、管理目标、管理重点等要素进行全新的整合。小米正是做到了对传统管理的果断抛弃，“先破后立”，才让员工和合伙人得以自我燃烧的。但，这种突然诞生出来未经检验的管理就一定没有弊端吗？

以人为本组建高端团队

柳传志认为管理的三要素是：搭班子、定战略、带队伍。“搭班子”排在“定战略”之前，强调了人的重要性，说明先要有一批志同道合、有着共同理想的人，然后，才能基于这批人自身的特点定出最能发挥这批人长处的战略。

其实传统的管理之所以管不好，就是因为它把计划、协调和控制作为管理的三要素，只讲管事，没有提人的重要性和能动性。这显然是跟不上互联网时代的节奏的。

合伙人制 PK 一把手雇佣制

创业成功最重要的因素是什么？首先是团队，其次才是产品，因为**有好的团队才有可能做出好的产品。什么时候人都是第一位的。搭班子、建团队的首要问题是确定一把手及相应的管理体制。**

传统企业的一把手绝对是企业的灵魂和核心，新型的互联网企业往往会建立一套领导机制，来克服一把手专制带来的弊端。

雷军当年选择创办小米时，基本上是在涉及的各个层面，用 Excel 列表，一个个地找合伙人。这种合伙人制，使小米的合伙人都能独当一面。如果没有什么事情，他们基本上都不知道彼此在干吗，也不会管彼此。大家都是自己的事情自己说了算，这就为快速决策提供了保证。

“如果你没有我那么多名单可以聊，你可以先问问自己，你最希望自己的合伙人是哪个公司的人，然后就去那个公司楼下咖啡厅等着，看到人就拉进来聊，总能找到你想要的人。”雷军表示。

在这个时代，没本事的话，一定要走合作路线。如何寻找合作？我用两句话总结。第一句话，要学会用浪费时间的方法做事情。很多人说，没有时间观念就不要做事情，其实，做重要的事情是不计成本的。学会用浪费时间的方法做事情，其实你是在投入。要彻底解决一个事情，就要学会用浪费时间的方法做管理。第二句话，要学会用浪费时间的方法去交朋友。当你学会用浪费钱的方法交朋友的时候，其实你不是在浪费钱，而是在用钱、用你的时间、用你的付出去获得感情。这和雷军所说的“等人聊天”的方式是有点不谋而合的。

相较于合伙人制，雇佣制则无法发挥被雇佣者最大的潜能。做老板的就是要负责把整个班子团队搭好。雷军采取合伙人制其实是在用利益这一绝佳的约束条件，来绑定参与各方，同舟共济。真格基金创始人徐小平曾在演讲中这样着重强调了合伙人的重要性，他表示“合伙人的重要性超过了商业模式和行业选择，比你是否处于风口上更重要。”

在互联网时代，企业必须具备开放思维，合伙人机制其实就相当于给一把手增添了多个能观察到四面八方信息动向的耳目和大脑。当然有人会认为，对于高新技术企业来说，技术创新直接决定着企业的发展。这类企业很多都是“科学家”老板凭借过硬的技术一手带大的。但是这类企业发展到一定程度必然会出现“企业到底该归科学家管，还是该归企业家管”的问题。

我可以明确地告诉大家，科学家所能关照到的角度，科学家的研究成果，只是企业发展若干环节中的一个。所以，科学家所能带领企业发展的路程，也仅仅是企业发展中的一小段路程而已。尽管科学家的科研成果很重要，在企业中也占据着重要的地位，但是，决不能因此就让科学家来管理企业。**因为科学家容易从技术的角度来考虑问题，但是在很多时候，不是技术上可行，企业就可以做。**

所以说，科学家管理公司很容易把企业带偏。

企业越不规范，对领导人的依赖就越大。规范的企业在互联网的背景下，依赖的一定要是成熟的团队管理机制，而且最好是采取合伙人的方式。

因人设事，先搭班子后创业

组建团队的时候，到底是应该因人设事，还是应该因事去找人？

小米的做法是因人设事，就是先搭班子后创业。初创的小米公司有大规模的人才需求。当它在短期内需要成百上千个工程师加入时，它就不可能先招一堆 Manager，然后再招小兵，而是市场上有哪些合格的人，都先招进来。这样一来，如果还有层级安排的话，就很容易出现 A 在原公司是 B 的下属，但 A 比 B 先跳槽到小米，那么 B 跳槽到小米之后，到底是该安置成 A 的领导，还是 A 的下属？绕开这个问题最简单的办法就是，不管人才原来是什么级别，只要加入小米，大家都重新来过，没有级别，只有待遇上的差异。

2009 年初，雷军经李开复介绍认识了林斌。林斌当时是谷歌中国工程研究院四大金刚之一，主要负责谷歌移动的研发和 Android 系统的本地化工作。

手机发烧友遇到 Android 系统的专家，注定有聊不完的话题。两人一见如故，关于移动互联网产业和手机产品他们经常从早聊到晚，有时候抬眼一看时间，往往已是凌晨两三点钟。之后，林斌离开谷歌，开始与雷军合伙创业。

2009 年 11 月，雷军挖走金山旧部黎万强，为小米觅得一个“互联网新营销旗手”。差不多同一时间，林斌也带来了他在微软的旧部黄江吉，后来负责米聊、小米云服务和小米路由器三个项目。

2010 年年中，林斌在谷歌的旧部洪峰也加盟小米，这个聪明绝顶的“科学怪人”就是后来的小米机器人之父。

2010年10月8日，原摩托罗拉北京研发中心高级总监周光平，正式入职小米。在寻找周光平的同时，雷军意外收获了前北京科技大学工业设计系主任刘德。周光平博士曾主持设计“明”系列手机，手机行业的经验无可挑剔。而刘德则是顶级设计院校Art Center毕业的工业设计师，主要负责掌舵手机的工业设计。

就这样，小米完成了初创阶段高端团队的组建。

在搭好班子后，就要为企业发展定战略。由于小米最初的人马，绝大多数是做软件出身，因此小米就先从自身最擅长的软件开始试水，再做操作系统，进而从操作系统发展到手机硬件，最终滚动整个市场。有了战略，小米公司真正开始运营了。

小米的做法充分说明了因人设事的重要性。先搭班子，后定战略，先要有一批志同道合、有着共同理想的人，然后，才能基于这批人自身的特点定出最能发挥这批人长处的战略。企业的战略是基于办企业的人而制定的，而不是相反。

小米如何吸引大牛合伙人

小米早期的七个合伙人中，林斌曾任微软公司软件开发师，微软亚洲工程院工程总监，Google中国工程研究院副院长、工程总监；黎万强曾任金山设计总监、金山词霸总经理；周光平曾是美国摩托罗拉手机总部核心设计组核心专家、摩托罗拉北京研发中心总工程师及高级总监、戴尔星耀无线产品开发副总裁；黄江吉曾是微软中国工程院开发总监；洪锋曾任甲骨文公司首席工程师、Google美国高级软件工程师、Google中国搜索产品经理；刘德曾任北京科技大学工业设计系主任、北京新锋锐设计公司合伙人、美国洛杉矶Rethink Concept (LA) 公司合伙人……每个人都有响当当的名头和亮闪闪的光环。那么雷军是凭什么把这些大牛吸引过来，聚集在小米麾下的呢？

设置一个美好的蓝图

雷军当初寻觅大牛合伙人，如果仅靠做手机一项，恐怕很难说服林斌、黎万强、周光平等人放弃原本体面的工作、优厚的待遇。我猜想，雷军当初肯定会像说服投资人一样，给他的合伙人讲一个完美的故事。因为他早就发现了移动互联网的契机，而他们要做的事情就是围绕手机建立一个生态圈，一个在移动互联网时代与每个人的生活都息息相关的科技生态系统。这才是小米科技真正的战略目标，也是它最吸引人的地方。

"MIUI之父"洪峰曾说："小米如果仅仅做手机，岂不太无趣？小米会成为一种智能互联的生活方式。比如，烈日下准备开车，你可以提前用手机把空调打开；如果要购物，你可以刷手机直接消费。这就是以手机为平台打造的智能生活。硅谷也是如此趋势。"

在这一美好蓝图下，小米就变成了一个帮助大牛们实现其人生理想的平台，焉能不将大牛们吸引过来。

让大牛当家做主人

这些大牛都是在一定领域有专业知识的人，既然招大牛来，那就要让大牛感到被尊重。小米主要从名、利、权等方面来给大牛们被尊重感和主人翁的责任感。

名，就是声誉，代表一个人在业界的地位。小米愿意为做出贡献的员工做宣传，扩大员工的声誉和知名度。而且，即便是小米的普通工程师也都有自己的粉丝，他们在自己的圈子里都是明星。

利。小米会给大牛们高回报的期权和激励。小米的期权和其他公司还不太一样，很多公司说有期权，但有多少，什么时候有，不是很清晰。小米是你一进来，就知道自己有多少期权，白纸黑字写得明明白白。你现在多少钱，努力一下会值多少钱，小米都会给出一个靠谱的数字。这样大牛就可以和小米一起成长，小米成功了，大牛同时也能得到丰厚的回报。

实践表明，**给优秀的技术、管理人才一定的股权，使其利益和公司未来的发展紧密相连是企业吸引优秀人才的一剂良方**。拥有自己效力公司的股权，能够激起人才对公司成长的浓厚兴趣，并为此付出努力。

权。小米是全体小米人的小米，而不是雷军一个人的公司。小米的很多决策都是自下而上的，让真正干活的人来决定，让大牛当家做主人。其实，**如果企业老板能将权力下放给公司的骨干，每个骨干把控好自己的部门，整个企业的资源就能更有序、更有效地被利用**。权力适当下放可以激励员工，这份信任可以激发员工的责任心，让员工感受到自身的重要性，为企业创造价值而不仅仅是实现价值。

大牛吸引大牛

雷军懂软件，做过天使投资，所以他在小米实际上只干了四件事：一是整合人才；二是做战略规划；三是做融资；四是做形象代言人。

老板的知名度和受欢迎程度，决定了大牛对一个企业的认可。雷军人脉广，从一开始，不知道是有意还是无意，就形成了一个“雷军系”的圈子。他总是很有办法，能为小米融到花不完的钱，让小米做起事来没有后顾之忧。

每个人都有一定的圈子，大牛来到小米后，将自己的体会及感受传达出去，给其他大牛带来吸引力，或者是直接邀请合适的大牛加盟。就这样，大牛吸引大牛，小米逐渐完成了高端团队的组建。

扁平化管理，实现员工自治

小米的一大特点是利用互联网的传播优势树立品牌文化，它的产品线、营销渠道全都拴在互联网这个活泼因子上。所以，不管小米愿意不愿意，也不管是过去还是现在，小米都必须采用扁平化管理。扁平化是小米主动回避过于纷繁复杂的企业结构体系，也是为了追求极简的管理构架有意而为的。

互联网倒逼机制催生扁平化管理

传统企业大多数是层级结构，企业的高层、中层、基层管理者自上而下组成一个金字塔的形状。金字塔式层级结构的一大特点就是把所有的信息集中起来分析做决策，然后再一级一级地贯彻下去。

按照这种层级结构，雷军在小米的第一定位应该是CEO，但实际上他给自己的定位却是首席产品经理。雷军80%的时间是参加各种产品会，每周定期和MIUI、米聊、硬件和营销部门的基层同事坐下来，举行产品层面的讨论会。很多小米公司的产品细节，就是在这样的会议当中和相关业务一线产品经理、工程师一起讨论决定的。

雷军认为速度是最好的管理。少做事，管理扁平化，才能把事情做到极致，才能快速。除七个创始人之外，其他人都没有职位，都是工程师。相对独立的办公布局也使得各部门做起事来能一竿子插到底。由于没有团队利益的牵扯，大家互不干涉，都希望在各自分管的领域出力，一起把这个事情做好。这样的管理制度减少了层级之间互相汇报浪费的时间，大大提高了效率。

传统企业扩大规模的有效办法是增加管理层次，而在互联网思维的指引下，现在很多企业扩大规模的有效办法却是增加管理宽度。**所谓管理宽度，即在一个组织结构中，管理人员所能直接管理或控**

制的部属数目。当管理层次减少而管理宽度增加时，金字塔状的组织形式就被压缩成了扁平的“海星状”组织形式。

小米采用高度扁平化的管理模式并非雷军决定的，而是互联网的倒逼机制决定的。因为在互联网的作用下，公司最高层和最基层获得信息的渠道基本是对称的，最基层的人获取的信息和最高层的人获取的一样多，甚至比最高层还要多，而且最基层能够直接面对用户。在这种情况下，市场上出现什么风吹草动，如果按传统的架构和流程，等做出决策，黄花菜都凉了。也就是说，当信息不足以让领导们所有，基层拥有了更多的信息权利时，就需要也只能够扁平化。

互联网产品要求的是“敏捷开发、快速迭代”，这种产品研发和服务模式也就决定了团队要灵活、决策链条要短、快速响应，因此，需要打破科层制，打破部门界限，绕过原来的中间管理层次，直接面对顾客和向公司总体目标负责，从而以群体和协作的优势赢得市场主导地位。

因此，**传统的组织形式已难以适应快速变化的市场环境，为了不被淘汰，必须实行扁平化，交叉管理。只有网络化的企业，才能适应网络化的世界。**

扁平化管理的核心

随着互联网与信息技术的不断发展，知识经济的滚滚浪潮不断冲击而来。知识与信息的大爆炸使企业面貌发生了全新的变化，现代企业管理理念更是日新月异、众说纷纭，管理扁平化、管理柔性化、办公分散化动向明显。特别是组织结构的扁平化，亦即精简中间管理层，已经成为一种企业管理的新潮流。

人比制度重要

有些企业不愿进行人才投资，在招人方面很随便，在用人方面更随便。事实上，**多花时间招揽人才，多花心思用好这些人，才能使整个团队发挥最大的价值。**在小米取得一系列成就的同时，人们也在思考小米公司成功的原因。其中管理创新就是很重要的一点。

一是花 80% 时间去找人。

小米团队是小米成功的核心原因。雷军希望能和一群聪明人一起共事，他认为如果一个同事不够优秀，很可能不但无法有效地帮助整个团队，反而有可能影响到整个团队的工作效率。

为了组建一个超强的团队，雷军在大半年的时间里花了至少 80% 的时间去找人。他幸运地找到了 7 个经验丰富，且充满创业热情的合伙人。不光合伙人，小米的前 100 名员工，每名员工入职雷军都亲自接见并与之沟通。面对那些非常资深、非常出色的人才，小米的几个合伙人会轮番上阵，直到最后对方被说服。

雷军表示，到小米来的人，都是真正干活的人，他们想做成事，所以非常有热情。他们聪明、技术一流、有战斗力，这样的员工做出来的产品注定是一流的。这是一种真刀实枪的行动和执行。**如果你招不到人才，那是因为你投入的精力不够多。**

二是重视客服。

服务是小米的重要一环，为了做好服务，小米极其重视提供服务的人——客服。黎万强在其著作《参与感》中表示，“传统做客户服务都强调制度、KPI，但是对于小米的客户服务，我认为，人比制度重要。”小米是怎么做的呢？**小米对客服的激励，其实就是一个“爽”字。因为雷军觉得，让员工爽了，他才能让用户爽。**

首先，只给客服主管一个指标。

黎万强会与新进小米的客服主管充分交换工作看法。因为他们以前在大公司里都做得很好，掌握很多制度流程、方法论，而且会设置很多 KPI 数据指标。但是小米要求他们忘掉这些经验，建立全新的服务理念。

2012 年，小米的业务飞速发展，用户数量迅速爆发，客服工作也随之迅速增大。一位做了十几年客户服务工作的主管，为小米的客服团队带来了宝贵的经验。她非常认真地总结了过去小米所有的客服数据、工作报表，然后结合她对小米业务增长的预期，做了一份详尽的客服改进计划。

黎万强吃力地看完之后，觉得在做客户服务这件事情上，自己是业余的，那就应该服从专业的。至于各类报表和指标，只要客服主管自己懂就好了。于是对她说："我只给你一个指标：怎么让你的小伙伴发自内心地热爱客户服务这份工作？"

在小米，KPI 指标只作辅助的参考，雷军认为真正重要的是"和用户做朋友"，让大家发自内心地去服务好用户比一切都重要。**客服能认真地对待用户，用户才会用心对待企业。能让员工带着"玩者之心"去工作，他才会真正爱产品，爱用户，解放团队的核心秘诀就在这里**。一个企业要做互联网转型，就要由内而外，将自己的组织架构梳理好。

其次，权限下放，信任一线员工。

信任是小米企业文化的特色。在解决用户问题方面，小米所有的客服人员都可以自主判断，是否需要额外送客户一些小礼物。小米有个系统会简单统计赠品的成本，赠送的理由等，但不会深究赠送的细节。小米相信这些位居一线的同事能够根据具体情况做出正确的判断。其实，**越是信任他们，越是下放权限，他们就越谨慎。**

虽然小米给了客服们很大的自由，但是一开始他们都放不开，能不送礼物就不送。不过小米的这种做法，会使他们感觉到，他们的工作与搞研发的同事一样，是被尊重的。这种信任，是任何 KPI 和制度都无法做到的。

再次，尊重客服，给他们归属感。

除了权力下放之外，小米还在很多方面赋予客服归属感。薪酬方面，小米给客服开出薪酬比业内标准高20% ~ 30%。办公环境方面，小米给客服提供的工位面积要比传统客服的大很多。此外，小米还拿出工位装饰专项资金让客服按照自己的意愿设计自己的办公位。福利方面，在小米工作满半年，表现得好的客服就可以享受公司期权。个人成长方面，小米专门建立了“米粒学院”对基层员工进行培训和职业技能认证……小米所做的这一切，都是为了让员工产生归属感，并发自真心地热爱这份工作。

小米希望以人为本，打破常规的客服工作模式，建立一个客服能自我驱动的运作体系，从而体现小米做产品的思想。黎万强认为，重不重视服务，就看企业重不重视对服务的投入。他多次表示，“小米是个创业公司，我们会厉行节约，不该花的钱不乱花。但是在服务方面，我们要舍得投入，舍得花钱。”

虽然客服工作并不直接为小米创收，但是它在客户服务方面的每一份投入，都带来了非常大的回报。从这个意义上说，小米是把在客户服务方面的投入当市场营销广告费来用了。有了优质的服务，不仅能解决用户的实际问题，而且有助于积攒口碑，这可比那真金白银打营销广告要来得实惠。

最后，强调主人翁的责任感。

“扁平化”管理是相对于“等级式”管理构架的一种管理模式。它较好地解决了等级式管理的“层次重叠、冗员多、组织机构运转效率低下”等的弊端，加快了信息流的速率，提高了决策效率。

当然，随着传统的金字塔管理体系的轰然倒塌，有人会担心：基层的小人物都翻身当主人了，管理会不会出现混乱？其实扁平化管理强调的就是主人翁的责任感。

小米全员 6 × 12 小时工作，维系这样的工作，从来没有实行过打卡制度，而且也没有施行公司范围内的 KPI 考核制度。小米强调员工要把别人的事当成第一件事。雷军举例说：“比如我的代码写完了，一定要别的工程师检查一下，别的工程师再忙，也必须第一时间先检查我的代码，然后再做他自己的事情。”

没有晋升制度，大家就不会为了晋升做事情，就不会因此而导致价值扭曲，否则到最后就不一定是为用户搞创新了。很多公司强调工程师把技术做好，而小米则要求工程师必须要对用户价值负责。

在过去的很长时间里，我们国家产品稀缺，企业的经营方式也很粗放。很多企业基本没有休息日，而且恨不得让员工工作起来连轴转，但是结果并不好。很多企业因此就认为是员工不够优秀，必须搞培训给员工洗脑。事实上问题的根源都在管理上。

小米相信，**优秀的人才本身就有很强的驱动力和自我管理能力。雷军认为，设定管理的方式是不信任的方式，小米的员工都有想做最好的东西的冲动**。公司有这样的产品信仰，管理就变得简单了。小米的扁平化管理正是在这一基础上建立起来的。

传统企业如何实现“扁平化”

德鲁克在《21 世纪管理的挑战》一书中指出，面对互联网的来袭，其中最大的挑战，就是没有所谓的正确组织或者是标准组织，而是变化多端、不一而足的各种类型组织；也没有所谓的正确管理人的方法或者是标准管理的方法，换言之，**没有标准的组织，只有高效的组织；没有标准的方法，只有高效的方法**。

当用户能够使用互联网和所有的产品对接的时候，你的企业所有部门都将直接对接市场、对接用户。也就是说，你的企业必须扁平化。

减少层级

企业是由人组成的，合理安置每一个员工需要科学的组织架构，可以说，合理的组织架构是发挥企业员工效能的重要基础。就组织架构方面来看，层级过多是传统企业普遍存在的一个问题。通用电气公司最初有 20 多个层级，后来缩减到 12 个。丰田汽车公司一开始有 18 个层级，后来减至 8 个。**之所以要减少组织层级，是因为扁平化的组织架构能提高企业决策的效率，从而使企业迅速应对外在的变化，更好地满足用户的需求。**

关于减少管理层级，提升效率，百度的李彦宏在致百度内部的一封公开信中曾提到："减员增效，就是要减少单纯做管理的人数……整个中国互联网、世界互联网，或者整个市场经济的环境，其实都是符合物竞天择适者生存的规律。我听说恐龙脚上踩到一个瓢，几个小时以后他的脑子才能够反应过来，这样不管你长到多大，你都会灭绝。而我们不能做恐龙……"

管理扁平化的具体做法就是减少管理层级，缩短决策流程，加速决策效率。《管理的未来》一书的作者加里·哈默指出：未来的组织，没有层级。其实大家把谷歌、微软等公司放在一起比较就会发现，这些伟大的企业最基本的创新单元都非常小，而且人数非常少，这有利于它们灵活地去面对市场。所以，不管人们多么喜欢使用头衔，企业都必须缩减层级，为员工提供自我实现的平台。

削减中层

船大难掉头，传统企业面对互联网时代的变革，必须进行组织扁平化管理，而实现这种变革的首要途径，就是"大量削减中层"。

让传统行业消灭中层，是一件非常困难的事情。企业的中层曾和企业一起发展，好不容易爬到今天，却要被消灭，这对企业来说是残酷的。但是，不变革，企业以前的优势可能就会成为负担；不创新，以前值得企业骄傲的过去就会变成包袱。只有涅槃重生、重新来过，企业才能有新出路。

削减中层并非消灭中层，而是把企业组织压扁，使大家都在一个层面上。削减之后，整个企业的每一个员工都可以对用户承诺、和用户相连，员工和用户相连的节点和节点之间就会形成一个网状的组织。由于每一个员工都相当于一个自主经营体，所以企业可以快速对市场做出反应，而且可以瞬间进行组合。

比如，海尔进行扁平化改革，就是将8万名员工变成2000多个自主经营体，它们相当于小微公司，能够在市场上自我驱动、自我创新。

员工自治

“员工自治”模式，可以让员工作为“企业主人”释放更多的活力。**在传统的管理模式下，员工是与企业对立的被监督者，而在自治模式下，员工变为公司的主人，其工作激情和工作乐趣都会大大提升。**而且，一线员工提出的各项管理举措都很接地气，有助于从整体上提升企业的运营效率。

“员工自治”模式适用于许多公司，关键是管理者要懂得放手，懂得设计规则。美国管理专家米勒说：“管理人员必须完全摆脱幻想。完全控制——事事都要插手，既不可能也不需要。有趣的是，我们的管理人员发现，不试图完全控制，反而能得到更多的权力——完成事情的权力！”

每个人都不希望被控制、被监督，只有当员工感觉到被欣赏、被尊重时，内心的热情才会真正释放，从而给企业带来真正的利益。

那么，如何实现“员工自治”呢？

企业实现员工自治是有一定前提的，那就是员工的意愿和能力。也就是说，实行员工自治，须确保员工有意愿，并且有能力做出对企业最有利的决策。

关于意愿，企业不能指望所有的员工都成为道德楷模，只讲奉献不计回报。企业不管是从物质，还是从精神，总之要调动各个层面的因素，对员工进行相应的引导。这种引导可分为两个层次：

第一个层次，使员工的个人目标与企业的组织目标捆绑在一起，使员工意识到：企业就是你的船，从而能与企业同呼吸，共命运。类似的话管理者经常挂在嘴边，但其实要做到这一点，对管理技术的要求是非常高的。这一点，非常考验企业自身的激励体系和精准地控制人力资源的能力。

第二个层次，需要企业通过文化管控，帮助员工发现工作的意义与价值。其实就是要员工从内心深处认识到，他是在为自己工作，而不仅仅是在给企业打工。要达到这个层次，企业的领导人必须要有强大的领导力和人格魅力，使员工愿意追随其后。

值得提醒的是，员工自治并不是放任员工自生自灭，企业在任何时候都要充当员工的后盾。当员工能力具备时，不过多干涉；反之，则需要不断地为员工提供弹药更新装备，保证其不饿着肚子上战场。以免员工内心的热忱，被应接不暇的困难消磨掉。

小米去“制度”化的局限

相比于金山时代的雷军，小米时代的他在管理上做了很多“出格”的事儿。

首先，小米没有绩效指标；其次，小米的管理层很少，除了几个主管，下面的都是普通员工；再次，小米不开会，决策甚至都不发邮件，都在米聊群里解决，连报销都是在群里截个图就可以；最后，小米没有上下班打卡的制度。

所有的一切，都仿佛指向一点，传统企业中管理最重要的一点——制度，在小米消失了。

之所以如此，有着很关键的原因，那就是时代变了。原来雷军在金山，差不多一年才更新一个版本，传统的开会、绩效考核等是完全能够适应这个节奏的。而现在呢，MIUI 差不多一个星期就要升级一次，二者的速度完全不在一个档次。**过去，行业都是慢速的，管理者能用制度来保证周期很长的项目。但现在不一样了，社会变化太快，企业也应该变成一个可以随时调整的模式。**于是才有了小米的去“制度”化。

但是，没有“制度”并不代表小米就是散碎的，相反，它有一个最终决策的灵魂，那就是雷军。

我们先看看小米的员工。小米员工不打卡，但工作时间都很长。因为雷军导向的新和快让小米员工无法也不可能慢下来，为了完成工作，就不得不拼命地赶，和时代赛跑。小米强调要把别人的事当成第一件事，员工一慢下来，很可能就会成为公司的“瓶颈”，被团队贴上标签。因此，小米员工几乎都是朝九晚十的作息时间，比一般公司的工作负荷要大得多。

再来看看小米的管理层级。我们可以清晰地发现那是一种保持控制力的树状结构，雷军把权力下放给七个合伙人，大家互不干预，看起来是平等的，大家也可以互相制衡、人尽其用，提高效率，不过却也可能因为合伙人的能力不够而制约他所管辖业务的发展，同时还容易带来内部竞争。

前面我们已经分析过，小米的合伙人可以分为中关村本土派和海归派两个方面。由于来源的环境不同，两方面自然存在着一些“天然的分歧”，本土派重创新，而海归派则拥有一整套严密的思维体系和管理哲学。以前，小米将市场重点放在国内时，本土派的黎万强便一直扮演着小米二号人物的角色，而随着小米将重心逐渐从营销、市场转向海外市场和生态链，海归派的分量开始逐渐变重。

去“制度化”虽然给小米带来了很多好处，但当智能家居的浪

潮就在眼前，而小米又不希望错过任何一个有可能爆发的细分领域时，它很快就能意识到这种架构的局限。

随意、人治的管理结构决定了小米无法在内部进行大规模、批量的产品线扩张，因为它没有可以支撑大批量扩张的流程和机制。如果小米不想让自己陷入泥潭，它最好的办法就是朝外部扩张。

但是，小米最后选择的却并非内部扩张，而是投资第三方。也许雷军也有自己的担心，他生怕小米成为一个垄断者，那样它将面临日益高昂的成本，技术优势也可能会被消解，败给那些小而专注的野蛮人，诺基亚的衰倒就是一个明证。

适应了企业市场的传统科技巨头,通常都因为组织架构的臃肿，最终面临一个问题——无法满足消费者市场对产品变化需求的快速反应。这也是为什么华为要将子品牌荣耀独立做成子公司来发展的原因。华为希望在荣耀身上复制小米，包括组织架构等。而荣耀也的确大有挤兑甚至超越小米的趋势。

无疑这一切，都将会使雷军更加焦虑。

第四章

花匠识天相的智慧
——小米“互联网 +”战略

小米这朵花长得如此迅速，离不开花匠和花工们识天相的基本功。这种识得天相的本领就是对战略的把握能力。当下企业最大的危机，不是利润多寡，而是没有一个对“互联网 +”的清晰战略。对此，雷军认为，“互联网 +”战略其实很简单，就是“在对的时间做对的事”，换句话说就是，随着时间的推移，企业需要不断调整战略目标，以确保企业在每一阶段都能做对事情。但是，“互联网 +”战略真的有那么简单吗？

寻找台风口，把握行业大机遇

要参透小米，必须先读懂雷军。带领金山艰难上市后，雷军陷入了深深的思考：为什么有人付出 100% 的努力只能换回 20% 的增长？而有人付出 20% 的努力，却能获得 100% 的回报？雷军得出的结论是：做企业不能“推着石头往山上走”，而必须顺势而为。于是他离开金山，寻找更大的风口，因为他坚信：只要风足够大，猪也会飞起来。

卓越网：顺应互联网浪潮的一次尝试

在对的时候做对的事情的确很重要，因为当时代性的机遇来临时，势头强劲的时代浪潮会把你推到最前沿，顺应趋势借助这股力量，你的能力会成几何倍数增长。

1998 年 9 月，金山顺利拿到联想融资后，雷军决定顺应趋势，在金山“内部创业”，打造 B2C 网站——卓越网，把金山带入互联网时代。

新上线的卓越网主营图书、音像、软件、游戏、玩具等文化娱乐消费产品，同时推出电子商务、版权发行、IT 资讯等业务。卓越的开局很好，发展势头很盛，网站的名气也越来越大。

2001 年 6 月，卓越专卖店成立，并且迅速在全国铺开。2002 年 3 月，北京世纪卓越快递服务有限公司成立，后来又相继在全国成立了 3 个配送中心。2003 年，卓越网注册用户达到 365 万，销售额首次过亿，超过当当成为行业第一，并且成为当时中国最大的音像制品零售商和全国第五大图书经销商。2003 年 12 月，卓越网还入选《互联网周刊》“中国十大互联网旗帜企业”及“最具投资价值网站 100 强”。

以现在的眼光来看，按照这样的方式运营下去，卓越迟早会成为真正的 B2C 霸主。但是，图书、音像等文化产品的利润本身就很低，再加上卓越网一直坚持低折扣的销售原则，所以卓越的赢利能力根本不足以支撑快速扩张带来的庞大的成本支出。

为把卓越网做大，雷军不断追加投资，烧钱在那些日益庞大的服务体系上。但是赢利的速度永远赶不上新项目上马的速度，董事会里慢慢地开始出现不同的声音：虽然 2003 年的销售业绩非常好，并且连续两个月实现了盈利，但这比起几年来连续投入的 4000 多万元来说，是微不足道的。就这样，2004 年 8 月 19 日，卓越网正式被亚马逊收购——立誓要成为“中国的亚马逊”的卓越网变成了“亚马逊中国”。

卓越网的最终估值被定为 7500 万美元，相对于 500 多万美元的投入，回报率还是非常高的。雷军手里有卓越网 10% 的股份，尽管卖掉卓越网对雷军来说就像卖掉了自己的孩子，但这也让他尝到了轻松做事赚钱的甜头。

在风口上，顺势而为做小米

意识到移动互联网时代最直接的入口是手机，雷军很快就去做了。2010 年 4 月 6 日，北京中关村保福寺桥银谷大厦 807 室，14 个人，一起喝了碗小米粥，一家小公司就开张了。这就是雷军从零开始创办的小米科技，一家顺应时代潮流、专注于高端智能手机自主研发的移动互联网科技公司。为了专心创业，不受外界干扰，小米创立很长一段时间都不为外人所知。

小米诞生

离开金山后，雷军不缺钱不缺闲也不缺声誉，就算不创办小米，以他的财富和成就，他完全可以享受人生了。但是，年过四十的雷军跟那些靠互联网起家的小兄弟们相比，他还缺一家量级庞大，称得上伟大的企业。于是，雷军开始了另一轮征途——创办小米，做手机。

雷军坚信“人因梦想而伟大”，他这样对外界说：“大家认为对互联网行业来说，40 岁已经老了，应该要退休了，还折腾什么。但是我特意查了一下，敬爱的柳传志是 40 岁创业的，任正非是 43 岁，我觉得我 40 岁重新开始也没有什么大不了的。我坚信人因梦想而伟大，只要我有这么一个梦想，我就此生无憾。”

谁都知道，手机市场竞争的激烈和凶险，诺基亚、摩托罗拉……多少行业巨头转瞬间灰飞烟灭，但是雷军认为，“创业就像跳悬崖，只有 5% 的人会活下来。但是你又想去搏一把，觉得不搏这一次，人生愿望没实现，太不过瘾了，所以我就决定往下跳。……这是我最后一次创业了，成和败都不重要，人生在于过程。”

雷军说过太多类似的话，他创办小米带有强烈的“追梦”味道。“小米是我人生中的最后一件事，干完拉倒！”从这样的言语中不难看出，创办小米对于雷军而言是一件非做不可的事，而且这已经是他最后的机会。

当然，雷军不是在赌，而是他看准了一个趋势。他一直坚信，未来的移动互联网是以手机为核心的，总有一天手机将取代 PC 而存在。为了身体力行地测试手机取代电脑的可能性，雷军基本不用电脑。雷军认为整个手机行业正在经历 PC 时代的摩尔定律，即“每 18 个月芯片的基数翻一番，数量翻一倍”，而一旦解决了硬件配置、输入输出、电池这三大问题，手机将一举超越 PC。

而且 2010 年前后，正是 Android 开始突飞猛进发展，中国智能手机市场正处在起步阶段，3G网络也开始大规模普及，一个崭新的时代正在到来。小米也就是在这种大趋势下，在雷军对行业未来发展的精准判断下诞生了。

创业“雷五条”

2010年7月16日~7月19日，雷军在自己的微博上做了一系列的“大反思”，由此我们能发现他创办小米的心路历程以及顺势而为、极致、专注的管理理念。

大反思之一：过去金山的事，鲜有我没有掺和的，二十二岁的金山没有大成，有我一份不可推卸的责任。纵然有很多外部因素，纵然有很多我不能左右的因素，我只反思我自身的问题，三年下来，结果还是让我受益良多。虽然晚了，但子曰：朝闻道，夕死可矣。

大反思之二：一个勤劳的人，干活的时间长，干的事情自然多；一个聪明的人，善于学习，会干的事情当然不少；一个热心肠的人，天南海北的事情经常从天而降……于是我非常非常忙。但一个人的精力和时间总是有限的，一天只有24小时。所以，少做几件事情，少就是多。谢谢@李学凌，他经常提醒我。

大反思之三：用手术刀解剖自己，虽然残酷，但真实。三年长考，五点体会：**第一，人欲即天理，更现实的人生观；第二，顺势而为，不要做逆天的事情；第三，颠覆创新，用真正的互联网精神重新思考；第四，广结善缘，中国是人情社会；第五，专注，少就是多。**

这五点体会，不仅彰显了雷军的成熟，也显示了他独到的商业智慧。这些体会后来成为雷军经营小米的指导思想，被人们称为“创业雷五条”。

低调布局，引发小米狂潮

从2009年打算创办小米，到2011年小米发布第一款手机，这期间雷军一直低调地为小米布局，以至于小米创立一年多了还以神秘的姿态不为外界所知。用雷军的话说就是："人若无名，更利专心练剑。小米只想专注产品研发。"

在这种创业理念的支撑下，小米在很多方面都进行了颠覆性创新，比如，小米"为发烧而生"的产品理念，小米公司首创的用互联网模式开发手机操作系统、发烧友参与开发改进的模式等，在很多人看来，都是一种惊世骇俗之举。

小米并没有让雷军失望。2011 年 8 月 16 日，小米召开发布会，雷军带着他精心打造的高端智能手机加入移动互联网战局，很快掀起了小米狂潮。随后，小米 1、小米 1S、小米 2A、小米 2S 等多款手机一经发售就被抢购一空，创下了惊人的销售纪录。可以说，雷军带领小米上演了一部部手机行业的"大片"。

2011 年 8 月，小米成立一年后，迎来了第一轮 4100 万美元融资，当时小米的估值为 2.4 亿美元；2011 年 12 月，小米科技获得 9000 万美元第二轮融资，估值升至 10 亿美元；2012 年 6 月，小米完成第三轮 2.16 亿美元融资，估值达到 40 亿美元；2013 年 8 月，小米完成第四轮融资，金额未公开，估值达到 100 亿美元；2014 年底小米完成第五轮融资，融资金额 11 亿美元，公司估值 450 亿美元。小米所创造的奇迹，出乎众人的意料。可以说，小米崛起的速度之快在全世界互联网企业中都没有先例，很多企业都在研究小米、学习小米甚至希望复制小米。

2015 年 4 月 6 日，在小米成立五周年之际，雷军在公司内部给员工发了一封信。在信中，雷军表示：

"手机市场是一个极度竞争的市场，前有苹果三星，后有华为联想，多少巨头折戟沉沙……几乎没有人看好小米这个新创的手机品牌。

"历经重重困难，六个月，团队组建基本完成。

"历经重重困难，一年半时间，小米手机才正式上市。

“奇迹发生了，几乎无人看好的小米，短短三年时间，创造了世人瞩目的成绩：市场份额，国内第一，全球第五。甚至，美国时代周刊最近评价小米是‘China's Phone King’。”

紧接着，在 2015 年 4 月 8 日小米 5 周年米粉节的成绩单显示，截止到 4 月 8 日晚上 23：00，米粉节总支付金额超过 20.8 亿元，售出手机 212 万台，为历届小米线上销售成绩之最，一举超过 2014 年天猫双十一平台上 189 万台的手机出货总量。作为单一电商平台，承担小米网上专卖店角色的小米网创造了世界纪录。

2015 年双十一期间，小米手机销量拿下三平台（天猫、京东、苏宁）所有第一，小米天猫旗舰店销售额达 12.54 亿元，连续三年获得第一。在天猫单品方面，红米 Note2 获得手机类单品销量第一，小米平板获得平板电脑类销量第一，而小米手环光感版则获得了智能设备类单品销量第一。此外，小米电视总销量相比去年翻倍，达 6.6 万台，小米还获得五大品类单店销售额第一的成绩。

如今，小米手机被认为是中国互联网产业最具创新性的产品，因为它对智能手机的商业模式、软硬件、营销方式、渠道创新和社区建设进行了一次彻底的颠覆和创新，是一个纯互联网思维的产物。小米科技成为继阿里巴巴、腾讯、百度之后，中国的第四大互联网公司。

小米初期紧跟苹果的公司战略

小米创立之初选择了“紧跟苹果”的战略。这一战略主要针对中国人看好苹果的心理，生产高配低价的手机产品。其实，无论是小米提出的“铁人三项”、MIUI 的设计，还是“米粉”、口碑，都与苹果有着密切的关联。有人甚至发现，雷军的着装、手势，小米发布会的 PPT，小米产品的宣传页设计，小米线下体验店的设计都有苹果和乔布斯的影子。因此，有媒体称小米为“东方的苹果”“苹果的小兄弟”。

模仿：小米初创期快速起跑的策略

雷军曾反复强调，“雷军不是乔布斯，也做不成乔布斯。小米真的不想做苹果，因为做不到。我觉得小米就是务实、低调……”在雷军的内心，照搬并不能体现中国“智”造的创新之处，他不会做“雷布斯”：“我们是互联网公司，不是硬件公司。”互联网公司的本质不是要卖出产品，而是留住用户。

雷军要给小米的未来设置怎样的布局，我们不得而知，但可以肯定的是，他是想用互联网的模式去做一个伟大的手机品牌，而绝非简单地复制苹果的铁人三项。“互联网行业的规律：击败雅虎的不是另外一个雅虎，是谷歌；击败谷歌的是 Facebook；做中国的苹果根本没戏。”雷军说，“再看长久一些，你会发现小米和苹果走了完全不同的道路。”

小米初创战略：我像谁？

对于“苹果抄袭者”的指责，小米团队一直比较抵触。小米合伙人雨果·巴拉认为小米是一家极具创新精神的公司，从未停止过设计上的改进。至于某些产品细节与苹果会有一些雷同，他表示水平相当的设计师得到相同的结论很正常，谁首先得出这个结论并不重要。小米关注的是做出最好的产品，不会因为苹果已经做过，就拒绝一个好想法。

其实，就目前的情况来看，我们无须过多讨论小米是否在有意模仿苹果，因为在超越偶像之前小米所做的所有事情看起来都像是在模仿。大家知道，在通往成功的路上，总有那么一小段是同一行业的企业都必须经历的。换句话说就是，所有企业在创业初期所走的道路基本都是一致的，只是有些企业，比如苹果跨过这段路程之后越做越成功，最终成了典型。于是其他后浪怎么做似乎都是在模仿。公众需要做的事情就是耐心等待，等待小米有一天能走出一条与苹果完全不同的路来，带给消费者更多的惊喜和生活的便利。

当然，这都是后话。不过明白了这一道理，我们就可以进行逆向推理，并得出一个帮助中小企业快速起飞的办法：**直接从模仿上路，走上正轨之后，解决了生存立足的问题之后，再去寻求创新和与众不同。**这就是我常说的，企业要先明白“我像谁”，然后才能做到“我是谁”。

研究战略是研究“我是谁”，做管理你要告诉自己“我像谁”。管理者不知道怎么做的时候，知道“我像谁”就行。碰到任何事，大家都可以问自己这两句话：水平再高一点，我是谁？水平再低一点，我像谁？管理最终是要有标准的。明确我像谁，“谁”必然会给你一个标准。华为就是通过“我像谁”，慢慢去模仿别人的东西，慢慢做出“我是谁”的。其实成功的企业往往都是先做到了“我像谁”，最后做成了“我是谁”。所以小米一开始就是模仿苹果，达到一定程度之后，雷军就开始呼吁：“别再说我们像苹果，我们是……”也就是说，做到后来，小米已经升级了它的战略。

关于这一点，我们可以看看红星·美凯龙的例子。红星·美凯龙老板叫车建新，他想开超市一开始不知道该怎么开。后来他发现有一个叫“麦德龙”的公司做得很好，他就跟着人家学。人家叫麦，他就叫美；人家叫德，他就叫凯；人家叫龙，他也叫龙。人家叫麦德龙，他叫美凯龙。后来，他发现这样模仿太严重了，就在前面加了两个字，叫红星·美凯龙。

那他怎么经营呢？麦德龙在哪儿开店，红星·美凯龙就在人家对面开一个店。麦德龙开一个店花500万美元去做调研，红星·美凯龙一分钱不花直接开在对面。红星·美凯龙把麦德龙挤兑得够呛，到最后麦德龙在中国都开不起店了。

当前在互联网行业拥有骄人成绩的百度、腾讯等公司，也无不是靠模仿起家。也有人认为，创新就是创造性的模仿。2010 年 7 月 26 日雷军在微博上也曾表示“腾讯的强大已经堪比二十年前的 IBM、十年前的微软，这是我们尊敬马化腾的原因。我觉得马化腾的模仿创新只要不违法也没有关系，微软当初也是这样的。”

通过这些例子，我们就能明白，为什么中小企业不需要研究战略？因为中小企业的战略问题别人帮它研究了。**中小企业不需要研究战略，只需要研究模仿，看别的企业怎么做，然后照着学，然后一步步做得比别人好。**因为中小企业学习的对象已经帮它把战略制订出来了。从这个意义上来说，小米创业初期模仿苹果非但无可厚非，反而是一种明智之举。

而且，真正的商业模式有一个重要的特征就是难以模仿。因为成功的企业为了确保自身的行业地位和利润来源不受侵犯，会通过各种途径来提高行业的进入门槛。比如，直销模式，人人都知道其如何运作，也都知道戴尔公司是直销的标杆，但很难复制戴尔的模式，原因在于在它“直销”的背后，是一整套完整的、极难复制的资源和生产流程。

再比如，如家快捷酒店的例子。如家快捷酒店的低价政策为什么能够推行？这里边有一个很重要的原因。如家快捷酒店这个模式推行的时候，国企改革刚刚结束。当时，很多国企垮掉了，搬迁了，于是就出现了大量的空地、空房子。相关方面就为这些空房子怎么用着急。这就为如家快捷酒店的创立提供了一个条件。如家以低廉的价格把这些资源租下来，统一装修，然后开张。所以说，现在你想在北京开一个如家酒店是不可能的。为什么？现在北京城区房价一平方米 5 万元，你根本就没法干。所以任何一个企业的成立都有它独特的时机。

难怪很多人说雷军抄袭苹果时，雷军很不以为然。第一，小米就是小米，不可能抄袭苹果，“如果有那么容易，那么你去抄一个试试？”第二，雷军不认为小米是苹果模式，在他看来小米更像是亚马逊，他是用互联网思维、电子商务的模式在做小米。

只是目前小米97%的销量仍然来自中国市场，如果走到知识产权法律法规更加严格的欧美市场，小米可能会遇到麻烦。而且随着小米的不断成长壮大，在模仿巨人的基础上进行创新就变得十分重要，这也是其走向成功必须要做的事。

跟随降低试错风险

说到模仿，其实小米并不是第一个。乔布斯虽然被大多数人视为难得一见的创新者，但他从施乐借鉴了鼠标的设计，从其他地方借鉴了打造随身听和智能手机的想法。

比尔·盖茨做的Windows后来又借鉴了乔布斯的Mac，并借此以绝对的优势占领了市场。而当乔布斯指责比尔·盖茨偷窃了他的设计时，盖茨道出了两人创新的真谛：“我们可以用不同的角度来看待这个问题。在我看来，我们都有一个富有的邻居名为施乐，当我偷偷进入了他的房子企图偷走他的电视时，却被你捷足先登了。”

由此可见，模仿和学习是创业公司，尤其是科技类公司快速切入市场的一个捷径。腾讯、百度、阿里巴巴等如今国内的互联网巨头，在创办初期都无一例外地对国外的其他同类公司和产品进行了模仿和学习。

对初创公司来说，模仿和跟随最大的好处就是能减少犯错的机会。由于当今的科技市场变化太快，而小公司又没有那么多精力去搞前期的市场研究。在这种情况下，最稳妥的做法就是先观察谁做得好，谁做得不好，从“先行者”身上总结经验教训，然后再进行自我创新。

腾讯一直都是“跟随战略”的获益者，从QQ开始到微信，它似乎总能后来居上。这种做法虽然让人觉得厌烦，但是成王败寇，你能冲出包围圈，为更多的消费者提供好产品和好服务，让大家离不开你，你就成功了。因为用户需要的不是你的发明创造，而是你帮他解决问题的能力。

当然，一味地模仿和借鉴，而不进行创新优化，肯定是绝无出头之日的。难怪马化腾说：“我不盲目创新，最聪明的方法肯定是学习最佳案例，然后再超越。”

除了学习苹果，小米在各方面都进行了不断的创新。比如MIUI的创新。在雷军眼中，MIUI应该是一个“活系统”，它能像互联网产品那样，随时接收用户反馈并快速迭代更新。

“包括苹果在内，我们现在使用的手机，如果有Bug或者用得不爽的地方，根本没有地方去提意见。”雷军说。传统手机离用户太远，操作系统和软件的更新太慢，这在互联网时代就显得呆板和过时。

小米做到了只要用户有反馈，都能直接在论坛中进行递交。MIUI团队会对每项反馈进行初级判断，并按照优先级列入系统改进列表。在论坛上，用户能看到哪个工程师在负责解决哪一个Bug，进展如何，需要多少时间，并能随时与工程师互动。这些Bug的修复和功能改进，最终都将整合进每周整体的版本当中去。

小米就是这样在模仿中不断明确“我像谁”，在创新之中谋划“我将来是谁”、“我最终是谁”。

定位升级，不断扩大战略版图

企业的战略定位不是一成不变的，随着内外环境的变化，企业需要不断进行定位升级。尤其是在互联网浪潮的冲击下，很多行业都存在过度竞争现象，过度竞争必然带来资源的贬值，资源贬值要求企业通过转型和升级来获取新的价值点。比如，手机行业就是因为充分的竞争，生产过剩带来了销售企业的崛起。现在的手机公司都是销售型的公司。不过有些销售类企业还不能摆脱研发和生产，它是用研发去制约生产，然后做销售。任何一个行业只要竞争激烈都会带来资源贬值，摆脱竞争的方式要么是在既定战略的基础上做规模，靠规模摊低成本，扩大品牌影响力；要么是扩大战略版图，避敌锋芒，开辟新的战场。

最初定位：只做发烧手机

雷军曾在微博上说自己是“手机超级发烧友”，于是2011年8月16日小米1发布的时候，雷军就将其定位为“发烧友手机”。“发烧”一词自此成为小米公司的标签。

“发烧友”一词源于香港，是香港人对早期“音响器材狂热爱好者”的称呼。20世纪五六十年代的音乐爱好者主要是玩胆机。胆机开机时间太长，就会发热，即香港人说的发烧。很多胆机的狂热爱好者，玩到痴迷根本停不下来，电子管烧掉的事情时有发生。于是，人们就称这类“音响器材爱好者”为“发烧友”。后来“发烧友”的概念被扩大，泛指对某一事物痴迷的人。

“发烧”是一个很酷的概念，它既标榜了自己产品的出色，又体现了用户对产品的狂热和痴迷。小米以“发烧”定位自己的产品确实让人眼前一亮。雷军借助这样一个酷劲十足的标签，迅速占领媒体、消费者的心智空间。同时，标签化，就是差异化，这使得小米能够后来居上，从众多手机品牌中脱颖而出。

“为发烧而生”的品牌定位得益于小米精准的市场细分，而绝非雷军一时拍脑门的想法。小米团队曾发起过一个“我是手机控”的活动，得出的结论是：**发烧友喜欢的手机才有可能成为畅销手机。**雷军认为发烧友是意见领袖，只有他们喜欢，一款手机“才可以真正走向大众”。

通过市场调研，小米把消费者的年龄界定在 25 ～ 35 岁之间。这个年龄段的人群经济独立，正处于事业的发展期，也易于接受新事物，具有时尚和超前性的消费观，喜欢尝试，这个群体数量庞大，消费能力强。目标群体的精准定位为小米找到了市场上的空白点。

有位叫 @ 韩冰 Bill 的网友曾在知乎中分析小米手机的品牌定位：对于终端消费者来说，所有的山寨机厂商生产的手机都叫山寨机，所有苹果生产的手机都叫 iPhone，小米想做的一件事，实际上是在消费者脑海中形成一种定位，小米手机不再是一款叫小米的 Andorid 手机，而是变成一个专有名词，从而占据一块特定的细分市场空间。从此以后，所有中档低价智能手机，就叫小米手机了！

定位不只是口号更是一种能力。“为发烧而生”，不仅是一句宣传口号，更深刻体现在小米的产品上。“低价格”“高性价比”这两个特点被小米完美的集于一身。2012 年雷军曾在微博上公开表示：“小米专注在高性能高性价比的发烧手机，认认真真把高端手机做好就够了，不考虑中低端的配置。”

小米的另一位创始人黎万强也在接受媒体采访时表示：“小米手机为发烧而生，以后不会牺牲用户体验来换取价格上的优势，我们只会通过电商渠道来为用户节省渠道中间环节费用，提供更加便捷的购物体验。”

新愿景：让每个人都能享受科技的乐趣

2014 年 7 月 22 日，在小米 4 的发布会上，雷军向外界传达了小米新的愿景，这次不再是“发烧”，而是“让每个人都能享受科技的乐趣”。

2014 年 7 月 31 日下午，小米正式发布了“红米手机”，799 元的定价标志着小米正式从只做高端发烧友手机向低端市场推进。

雷军为什么会食言此前“只做发烧手机”的品牌定位?

品牌定位，说白了就是为企业量身定制一个适合品牌发展的“品牌 GPS 系统”，同步梳理提炼出品牌的核心价值，并以此为中心指导一切品牌行为。

如果继续坚持“只做发烧手机”的定位，可能给小米带来两方面的不利影响。一是可能使小米错失千元机爆发的盛宴，二是无法实现小米构建生态系统的梦想。下面具体分析。

千元机爆发的盛宴

据小米官方公布数据，截至 2014 年 6 月底，红米手机出货 1800 万部，红米 Note 出货 356 万部，两者之和为 2156 万部，完全超越了小米 1 系列、小米 2 系列、小米 3 所有单机型销量，是当之无愧的销量之王。而红米手机的热销也让小米的市场占有率大幅攀升。

市场调研公司 Canalys 数据显示，2014 年第二季度小米智能手机发货量居首，在中国市场占 14%，首次超过三星在华市场份额。据了解，小米相比 2013 年同期 5% 的市场份额，以及 2014 年第一季度的 10.7% 有显著提升。

数据分析公司 Strategy Analytics 提供的数据显示，在过去 3 个月时间里，仅仅成立 4 年的小米瓜分了 5% 的全球智能手机市场份额，单季度销售了多达 1510 万部手机。

进军千元机市场，让小米迅速壮大，而雷军从开始承诺的“只做发烧友手机”到推出红米系列低端手机，说明小米的战略定位也随着市场需求的变化发生了变化。

构建生态系统的梦想

雷军认为小米模式需要不断演进。小米本来就在上下包围之中，因此小米要做大，产品就不能孤立存在。小米必须营造自己的生态系统。所以小米陆续推出了应用商店、游戏中心、小米读书，做了主题市场。时至今日，小米已经不再是一家手机厂商，它涉及手机、电视路由器、电视盒子、移动电源、随身WIFI以及小米手环等多种产品。

与做发烧硬件的定位不同，“让每个人都能享受科技的乐趣”变得更加宽泛，也更能向广大用户展示小米未来的蓝图。**小米想要建立的是一个由海量用户做支撑的庞大的互联网生态系统，每一台小米手机、红米手机、小米盒子、小米电视、小米路由器、小米手环等都是这个生态系统中的一员……**

可是，生态系统谁都想建，但目前行业内做得最为成熟的，依然是苹果的iOS一家独大。小米凭什么？目前看来应该是MIUI。

从PC时代，到移动互联网时代，企业只有掌握了操作系统，才能真正构建属于自己的生态系统。也正是基于此，小米在做手机之前就率先推出了MIUI。经过不断的改进，从2010年8月16日首个内测版发布至今，MIUI目前已经拥有国内外7000万的发烧友用户，抢占了系统入口的先机。在MIUI的连接下，小米能否建立起一个区别于百度、腾讯、阿里巴巴的由海量硬件用户构建的生态系统，我们拭目以待。

“模式”，就是一套系统和方法。商业模式必须是个体系，最终必须形成一套帮助企业获取利润的生态系统，并且是可持续的。一个成功的互联网生态系统，必然会给企业带来一次爆发式增长的机会。

正是由于上述两个原因，雷军才实时地升级了小米的品牌定位。但是，谁都无法保证“让每个人都能享受科技的乐趣”就是小米的最后一个定位。随着时间的推移，市场需求的变化，竞争对手的变化，小米可能还会有其他新的定位。

我们可以简单分析一下小米此次战略定位的升级。在小米进入手机行业的时候，除了苹果一枝独秀之外，其他品牌还在价格战的泥潭中拼命厮杀。小米抓住这一难得市场机会，以鲜明的、具有号召力的“发烧”定位，迅速出击。小米不是市场上技术实力最雄厚、售后服务最优良、渠道能力最出色的企业，它的产品可能也不是市场上最好的，但是它凭借精准定位这一杀伤力极强的武器，就那么不露痕迹地占据了手机用户的心智空间，占据了他们的视线。至此，其他劣势和不足也就显得不重要了。

其实，**战略有一个非常重要的任务就是企业要有专业的定位，也就是管理学中说的“身份定位”**。打个比方，一只老鼠和一只老虎刚生下来都很小，但是养一段时间以后就大不一样了。不是养的人有问题，而是所喂养的动物（你选择的行业或身份）不行。战略定位之所以重要，就是因为无论做什么事，一开始的选择一定不能错。

小米这一次的战略升级没有错。而且，通过此次战略定位的完美升级，小米已经从当初只卖智能手机的新锐手机厂商，成为横跨硬件、软件、服务甚至是电商平台的综合选手。而且，小米或许早已为自己谋划好下一个新的身份——一个与阿里巴巴、腾讯、百度、360 等互联网巨头抢饭吃的科技巨无霸。

小米意欲变身巨无霸

互联网是一个非常有意思的行业，虽然竞争充分，但是在很多细分领域却又出现了单极格局，甚至是出现了赢家通吃的局面。但凡能够在某一领域里占据单极的，都拥有竞争对手难以复制或者追赶的绝对优势，比如腾讯的关系链之于其社交产品、百度的技术之于其搜索业务。一句话，要想通吃行业，最重要的是要有通吃的资本。下面我们不妨以小米为例探讨一下，互联网的单极世界是怎样炼成的，那些能够“赢家通吃”的企业背后，到底有何奥秘。

“佛观一粒米大如须弥山”暗含巨无霸战略

关于小米名字的由来，雷军给出的解释是：“MI，首先是Mobile Internet，意指小米要做移动互联网公司；其次是Mission Impossible，暗含小米要完成不可能完成的任务；当然，小米人还希望用小米加步枪来征服世界。最后我们希望‘小米’这个亲切可爱的名字成为大家的朋友。另外，小米全新的LOGO倒过来是一个心字，少一个点，意味着让用户省一点心。”

其实除了上述几点原因之外，雷军还曾在微博上说：“佛家（观）一粒米大如须弥山”。这点寓意或许更能表达雷军的雄心壮志，只是他目前还不太方便公之于众。

《阿含经》里记载了一对贫穷夫妻向佛陀布施的故事。这对夫妻家徒四壁，穷到两人换穿一条裤子的地步。但是为了不错失布施的时机，他们欢欢喜喜地将这条裤子献给了佛陀。由于裤子太脏，阿难和目犍连只好拿到河边清洗。谁知裤子刚一浸水，整条河立刻波涛汹涌，暴涨暴落。目犍连一急，就运用神通搬来须弥山镇压。可是压了又压，还是无法平息波涛。最后，两人只好回去禀告佛陀。

正在用斋的佛陀拈起一粒米让他们拿去试试。阿难觉得奇怪，就问：“整座须弥山都压不住，小小一粒米怎么可能镇住那狂涛巨浪呢？”佛陀笑着回答：“河水翻涌，是因为龙王赞叹贫苦人能够极尽布施的愿心，你们先拿去试试再说吧！”

阿难和目犍连半信半疑地将这粒米丢进河里，没想到波涛竟然一下子就平息了。两人深觉不可思议，回去后立刻请教佛陀：难道一座须弥山的力量反而比不上一粒米吗？

佛陀开示道：“米粒虽小，但是从播种起，需要经过灌溉、施肥、收割、制造、贩卖……累积种种力量与辛苦才能成就一粒米，所以它所蕴含的功德是无量的。正如那条裤子，它是贫苦夫妇唯一的财物、全部的家当，它所包藏的心意也是无限的。龙王懂得一粒米的功德与那条裤子的功德一样，都由虔诚一念引出，所以赶紧退让称善。由此可见，只要虔诚一念，则小小一粒米、一条裤子的力量，都可胜过千千万万座须弥山！”

这就是偈语“佛观一粒米，大如须弥山；若人不了道，披毛带角还”的由来。

故事蕴含着“顺势而为”“顺天行事”的思想。雷军为公司取名“小米”，是否也希望他的小米，通过不断积蓄力量，最终也能像佛陀手中的米粒一样，投入当今波澜壮阔的互联网大潮，就能产生某种神奇的力量？这其中是否暗含着雷军意欲带领小米做到互联网世界巨无霸的战略野心呢？我想是的吧。

平台战略将小米打造成巨无霸？

腾讯、阿里巴巴、百度……这些成功企业的商业模式特点各一，却又惊人的一致，就是它们都是平台型企业。在过去的一二十年中，它们以令人咋舌的速度横扫互联网及传统产业，形成极具统治力和强大盈利能力的商业模式。在商业界，还流传着这样一句戏言：互联网上，百度垄断了信息入口，腾讯垄断了社交入口，阿里巴巴垄断了交易入口……可以说，平台思维正在带来全球企业的一场战略革命。

以小米手机为中心的智能设备生态链

2012 年 11 月 14 日，小米公司正式发布电视机顶盒小米盒子。小米盒子的发布，使得小米的产品战略更加清晰：以小米手机为核心，向电视、机顶盒等硬件方面延伸；通过各种硬件整合视频、图片、音乐等互联网服务，以及电商、游戏等互联网应用，构造“小米生态链”。

2015年1月15日，小米发布重磅手机产品：5.7英寸屏幕的全新旗舰产品系列小米Note。在发布会上，雷军着重介绍了“以手机为中心连接所有智能设备”的构想。一个以小米手机为中心的智能设备生态链版图似乎正在崛起。

如今，通过战略投资等方式，小米生态链上的智能产品包括空气净化器、手环、高清摄像机、iHealth智能血压仪等，已经形成了一定规模。

小企业经营产品，大企业经营平台。成功的商业模式最终都会做出一个平台，然后通过这个平台来开发新资源，例如阿里巴巴和京东。传统的经营叫产品经营，商业模式经营的是资源，因此叫资源经营。**企业正在从传统的产品经营迈向资源经营，这是管理的一大进步。**

有调查显示，在全球百强企业中，有60家公司的大部分收入都来自平台商务。在网络效应下，平台上往往出现规模收益递增现象，强者可以通吃，而弱者只能瓜分残羹。很多企业在成立之初，由于用户数量少，并无威力，可一旦其用户数达到一定的规模，它就会呈现出惊人的扩张速度。而凭借庞大的用户数量和精确的用户数据，这些企业可以进一步渗入其他产业，建立新商业模式，从而做到通吃整个产业。

不断完善小米生态圈

关于小米生态圈，前文已有提及，但由于平台战略的精髓，在于打造一个完善的、成长潜能强大的“生态圈”，所以这里还要进一步论述。

平台战略拥有独树一帜的精密系统，能有效激励多方群体之间互动，达成参与者的愿景。通俗点说，就是**企业可以通过平台战略**

建立属于自己的生态圈，把自己变成一个坐着收门票的人。

你营造的平台的参与者越多，你的平台越具有价值。换句话说，上网的企业越多，百度越有价值；上网做贸易的公司越多，阿里巴巴越有价值；用 QQ 的人越多，腾讯越有价值……在平台时代，你不说自己是做平台的，简直都不好意思跟人打招呼。

其实，除了手机之外，小米还做了很多其他的硬件产品。小米做手机，做硬件的目的，其实就是为了搭建平台，谋求更大的生态圈。如果小米可以影响并改善所有的用户体验，小米有可能做什么？下面具体分析一下。[3]

围绕 MIUI 的移动互联网生态圈：不只是分发。

围绕 MIUI ，小米创建了一个移动互联网生态圈。其中应用商店和大家的关系最密切。小米官方报告称：2014 年小米应用商店分发量达 120 亿。

除了简单的分发外，小米还推出很多非常实用的服务，比如打车、充值、订餐、叫外卖、订机票等。现在用户在生活中需要做的事情非常多，每个生活场景都装一个 APP 是现实的。所以，小米希望通过整合这些服务，给用户一个更自然的入口。

用洪峰的话说就是，“当小米考虑生态圈时，不仅仅考虑我能提供很多分发能力，我们想得更多的是怎么样能够让用户更好的用到你的能力。”

智能硬件生态圈：以路由器为中心让设备互联。

有很多传统家电行业都希望与小米合作做智能家居，但如果每一个智能家居都具备很强的计算能力和连接能力的话，成本非常高。所以，小米在做路由器的时候，就设定一个中心 App，使它具备强

---

3 详见小米联合创始人洪锋在 MIIC2014·极客公园公开课的演讲。

大的储存、计算和连接能力，这样，与之沟通的其他设备就不需要太强大的功能了。

在智能互联网生态圈里，小米希望以路由器作为中心，做出很多重要的周边设备。不仅完成所谓的使用功能，更重要的是实现这些设备的互联互通。

电商平台生态圈：已经是中国第三大电商平台。

小米的电商平台一直被很多人忽视，但实际上，小米电商平台在 2013 年就已经跻身中国第三大电商平台。所以，小米卖的不只是手机，还卖各种各样的东西。很多企业都依托小米的电商平台，成功快速地拓展了市场。

总的来说，**小米生态圈，其实是移动互联网、智能硬件、电商平台这么三个圈**。洪峰表示，小米会把这三个生态圈形成一个完整的生态系统：服务能够分发，硬件能够互通，所有增值能够有卖点。

哈佛大学知名教授 Marco Iansiti 在其著作《关键优势：新型商业生态系统对战略、创新和持续性意味着什么》中指出，无论是殖民帝国、生物系统，还是企业，都有几个中枢（hub），或者说影响整个系统的几个关键部分。这些中枢对其整个网络系统如何运作有巨大的影响——其影响比系统中任何一个自然存在的因素都大，因为他们规定了系统运作的方式。如果谁能够很好地平衡自身与同一系统中其他成员的关系，那么谁就可以营造一个庞大的、有活力的系统，并且可以使这一系统的生命力持续很长时间。为了达到这个目的，你必须从一些具体的事情入手，其中最重要的一件事情就是提供一个平台，这可以使系统中的其他成员参与进来，从而使共享价值变得更加容易。

成为巨无霸的小米将何去何从

毫无疑问，小米从初创到发展，再到壮大，其战略的选取都是正确的。但在它真的已经成长起来之后呢，真的已经在 2015 年遭遇下滑的情况下呢，其现有的战略还能支撑下去吗？

小米偏航

小米正在全方位地向手机之外的领域延伸，但小米的平台和生态战略又似乎正在侵蚀小米赖以迅速崛起的“小米手机”的定位。

1969 年，美国的商业战略专家杰克·特劳特在《通用电气为何不听忠告》的论文中曾经首次提出了定位理论。根据特劳特的观点：企业之间的竞争不是货架的竞争，也不是来源于促销季的竞争，更不是在广告的公关战层面，它主要还是在于消费者的心智。换句话说就是，**你要在预期客户的头脑里给产品定位，以确保产品在预期客户的头脑里是有价值的。**比如说到汉堡，大家就会首先想到麦当劳，说到插座，大家就会首先想到公牛一样。

定位理论要求企业找到好的定位，并要把定位植根到消费者的心目中。一直以来，小米在消费者的心中的认知就是，它在利用互联网来销售“小米手机”，省去了大量的中间环节。由于小米的低价，让消费者觉得性价比高，但这却并不表示小米可以把它的这个概念延伸到它的别的领域。

在定位理论中，如果一家企业要进行品牌的延伸，长期下来便有可能使顾客的认知产生混淆，模糊原有的认识，最终破坏该品牌的用户接受度，致使品牌贬值。以前的加多宝，几乎是十多年维持自己的铁罐装凉茶不变，就是为了在消费者心中牢牢地植入品牌认知。

而小米却似乎有点反定位理论而行之，它在还没有达到行业领导地位的时候，就将品牌延伸到了电视、移动电源、智能家居等领域，都以单一品牌全覆盖，这样做便有可能导致小米越想在各条产品线上发力，消费者对小米的产品认知越模糊，只知道小米公司，却不知道小米主要在做什么，这样，小米的品牌根系会被很严重地破坏掉。

在前面我们已经介绍过，雷军的“七字诀”中很重要的就是专注。但是在小米发展到一个“帝国”以后，小米却好像忘记了初衷，它不再专注，而是致力于打造一个以小米手机为中心，涵盖各行业的智能硬件生态圈。

但是，这样做是正确的吗？也许小米认为是，但事实上，在很多企业的发展中也出现过反例。比如茅台白酒如日中天，但茅台啤酒、茅台红酒却举步维艰；娃哈哈卖水行，但它与香港达利集团推出的童装就不行。之所以如此，根本原因就是**品牌的延伸不能借用品牌在另一个领域中的声誉，更可怕的是，它还可能反噬品牌原来的价值。**同理，单一品牌覆盖所有产品，也会引来这种认知失调和形象模糊。

如果小米真的要进行延伸，也许它可以借鉴阿里。用一个新的定位、一个新的品牌、一套新的战略来把握其他行业的机会。马云是从淘宝起家的，但他并没有把品牌都冠上“淘宝”的名号，而是开发出天猫、支付宝等不同的名称，在每个地方设置新的战略定位，环环相扣，从而建立起了一个强大的品牌群。

在手机布局上，虽然小米先后推出了低端的红米，最具性价比的小米，高端的小米 NOTE，它似乎想将手机高中低端全数占领，以此强调小米手机在小米生态链的中心地位，但目前来看，这条路还很遥远。毕竟，定位理论告诉我们，商战是认知之战，而不是产品之战。

如今的互联网时代并没有改变定位理论的正确性，在竞争与信息猛然剧增的时代，没有定位的产品也不可能生存，反之拥有定位的品牌，全世界的大门都会为你打开。因此不得不说，如今越来越模糊不清的小米，可能真的偏航了。

小米的妥协

在2014年，小米的境况可以用“一片大好”来形容，人们把它看成是国产手机的NO.1，为此，众多手机厂商开始对它进行围剿，意欲将它拉下王者的宝座。在华为、魅族、联想、酷派等追赶大军的围追堵截之下，小米的2015年变得疲累不堪。

2015年上半年，小米完成销量3740万台，而全年的销量计划则由原来的1亿台下调为8000万台；2015年第三季度，其销量在国产手机销量排行上，已经被华为超越。

2015年双十一，在智能手机单品类排名上，华为荣耀正式超过小米成为第一，后者曾在前两届排名第一；从手机总销售量来看，小米手机共销出103万台手机，比华为卖得更多，华为是荣耀占据了绝大部分，共销出94万台手机；而从销售额来看，华为终端总销售额11.93亿元，其中荣耀产品销售额达到11.23亿元，超过了小米的手机总销售额的7.4亿元。需要指出的是，小米在天猫平台总销售额达到约12亿元，除去手机7.4亿元之外，剩下都是其他产品，其中电视约2亿元，配件约3亿元。

逐渐走下神坛的小米，战略的转型就不可避免。

小米的压力

小米在一开始，给自己的定位是发烧产品，使用发烧产品的人自然就被定义为了发烧友，正是由于这群发烧友的热烈参与，小米才从用户中获得了无限支持。但是随着时间的变化，智能机快速迭代，发烧友群体逐渐固化，发烧友的定位已显得狭窄而又单一。

同时，小米一直引以为傲的性价比也造成了如今智能机市场上的价格战，而且被众多追赶者模仿。2014 年国产手机的竞争就再次陷入了白热化。厂商们是不太喜欢价格战的，但又不得不为之，因为要迎合消费者，如此一来，他们背负的压力也就可想而知，在高配低价和新老品牌的模仿打压中，小米实际上是掉进了一个自己挖好的坑。

此外，小米的 MIUI 也有了变化，不仅放缓了更新，而且升级的幅度也在收窄。与高通无休止的纠纷，让小米失去了硬件方面的优势。林林总总，都是小米需要战略转型的重要诱因。

小米无奈妥协

2015 年，先是小米宣布搭载联发科真八核定价为 799 的红米打进千元市场，后是 5 月 15 日在小米的新品发布会上，万众期待的小米 3S 并未亮相，反而是小米电视这个客厅中的主角走进了众人视线。让人看不懂的是，以小米手机为中心的小米似乎正在去“小米手机”这个中心。

也许是因为在曝光的小米 3S 中失去了配置优势，小米才无奈妥协，最终将群众的视线引向客厅。在智能手机这一块，小米似乎真的遇到了麻烦，导致它不得不将更多的重心导向其他产业链。

由于和高通的疏远，再加上红米定位的低价性，雷军在关键时刻果断放弃了高通，选择了价格更低的英华达和联发科，也从侧面证明了小米坚持高配的路子在一点点地丧失。而对于小米 3 使用 Tegra4，则早已暴露出来了不少的缺陷，过于庞大的功耗以及与 MIUI 的兼容性都成为不可避免的问题。

在 4G 时代，小米仍然选用的是 Tegra4，而不是 LTE，这无疑是一个没有远见的决定。无论是小米 4 甚至是小米 3S，都必不可少地要用到 LTE，而高通正是 LTE 的领军者。要知道，就连苹果的基带芯片也是高通提供的。在此情况下，小米仍坚持使用英伟达，不能不说是小米的失策。

对于小米当下的处境，小米妥协后的转型是带来了失望还是更多的期望，就只能由消费者来对其进行检验了。

如何应对互联网品牌的宿命

小米将产品线拓展到电视、平板和路由器，争取打造一个智能生态圈的做法，也引发了业界对互联网的新思考。

而对于互联网品牌，受到公认的就是它的生死速度比之于线下品牌更为迅速，稍有不慎就会跌得体无完肤。小米现在的转型，要思考的不是怎么去开拓一条完整的智能家居产业链，而是要找到一条在手机市场优势渐失的情况下的补救之路，从而摆脱互联网品牌转瞬成败的宿命。

但是，我们也要看到，小米转型的路子并没有它当初做手机那样顺利。对于小米手机之外的产品，消费者的关注度显然还不是很够，一味地用打造延伸产品的手段来拖长自己旗舰机的上市，有可能会导致两种情况：要么是消费者无法忍耐，最终放弃；要么是消费者坚持等待，调高期待值。但不管是哪一种，于小米而言，都不是理想的状态。

小米爆发的诸多问题、众多手机厂商的围剿、新品上市的压力、转型之路的艰难，似乎令小米没有了往日的雄心，众多厂商正在纷纷向小米宣战。这一切都让小米显得倦意十足，而旁观者却都在睁大眼睛看着小米，看着这个一再妥协的小米还能走多远。

第五章

小米的种花技术
——小米研发的长与短

企业发展的关键是产品。时下流行的商业模式研究来研究去，离不开产品这个核心，本质是通过产品为用户创造价值。真正能在互联网时代做大的公司，都是产品驱动型的公司。所有的商业模式都要建立在产品模式的基础之上。没有了产品和对用户的思考，公司不可能做大，走不了多远。那么，小米的产品模式呢？

活用互联网思维做手机

随着移动互联网和智能手机等的普及，企业更应该一切从用户出发。相比传统的制造业，小米建立的是一个可持续生态体系，而非一锤子买卖。在对用户态度上，传统观念是对用户单向推销、消极沟通，而小米则是与用户积极互动，用雷军的话来说，就是“坚持了从群众中来到群众中去，相信群众，依赖群众”。借助互联网，小米和一个一个用户连接在一起，让几千万的米粉获得实实在在的好处，米粉们也乐意陪它一起玩，跟它一起甚至主动帮它一步一步成长。

开放式思维，活用互联网正能量

互联网倡导开放式思维，开放不单单是平台的开放，更重要的是兼容和可参与性。

兼容，要求企业能以平和的心态包容对手，当然也包括打败自己的对手。小米开发的米聊虽被腾讯的微信击杀，但小米并没有因此排斥微信，而是选择全面拥抱微信，利用这个比自己更受欢迎的平台做营销。正是这种开放的心态，使小米有了更多赢的可能。

关于可参与性，就是以用户需求为导向，让广大消费者参与到产品的设计和完善中来。这一点，前面多处提到，这里重点分析小米如何运用开放思维，活用互联网的正能量。

MIUI 快速迭代引质疑

2013 年 4 月 18 日，雷军在微博中写道：“我们和用户一起开发互联网手机，上百万用户贡献了自己的智慧，这就是小米的互联网 DNA！”负责小米手机硬件系统的联合创始人周光平对雷军的说法极其赞同：“好的产品是用户自己定义的，而不是工程师拍脑袋定义的！”两人一致认为，小米手机应该采用互联网的形式开发，先弄明白用户需要什么，再将用户需要的东西做出来，而不是自己做好之后拿出来给别人用。小米坚持的是更彻底的互联网模式：充分听取用户的声音，快速试错，快速迭代。

因此，MIUI 团队的主要工作不是关在办公室里搞研发，而是没事逛逛论坛，收集微博、论坛上粉丝们的各种反馈，根据这些反馈来解决小米存在的问题，从而完善系统。雷军和 MIUI 团队都为这种模式感到自豪，可是忽然有一天在微信后台，一位热爱思考的朋友——小胖他爸，提了下面这个问题：

作为普通用户，我还是觉得大部分升级至少没有我可感知的好处，大到 Windows，Office，以及我工作用的专业软件，小到手机的安卓版本，app的更新，除了每次升级可能对硬件要求要提高一点。软件从无到有的时候也许能解决很多问题，但是他们升级带来的可感知的优点太少了。除了有些游戏因为升级有新的关卡，我几乎很少会主动去升级。所以很多时候感觉升级就是瞎折腾。

很多产品没让用户感受到版本升级的好处，原因是需求来源不明确，脱离用户。按时发版本是产品经理的基本职责，但是发布每个版本的意义何在？发版本与不发版本，用户有感知到的有多少？发版本与不发版本，产品数据有无变化？“小胖他爸”的问题引发了雷军一系列的思考。

改进产品，把评价权还给用户

YY 创始人李学凌研究产品特别强调“要关注产品的小时候”，就是要回溯到产品最初的样子，看看它的第一个版本，满足了用户哪一个核心需求。雷军认为这是一个哲学命题，即我是谁，我从哪里来，要到哪里去。放到产品上，就是这个产品是什么？产品从哪里来，最初的核心需求是什么？未来的方向在哪里？

按照这一思路，“小胖他爸”的疑惑，或许就有了答案。**需求来自用户，产品评价也应来自用户，那么每次发版升级，也都应该是用户可感知的，是用户最想要的。用户不仅使用产品，同时也拥有产品的评价权，用户才是产品的主人。**

在这一思想的指导下，MIUI 每一次产品发版都会有一个小视频进行功能演示，告诉用户此次升级了什么，每个功能有什么特性。有些功能和特性不是所有用户都能快速感知的，视频演示更加直观生动。

与此同时，小米成立了一个神秘的组织——荣誉开发组，简称“荣组儿”，由 120 多名自愿申请的发烧友组成，都是最高级别的粉丝，他们负责对产品进行内测。“荣组儿”可以提前试用未公布的开发版，然后评价新系统的好坏。它甚至有权力在社区发布信息告知大家：“荣组儿”觉得这是一个烂版，大家不要升级。在“荣组儿”的监督下，小米的工程师们会特别紧张，也会特别谨慎，因为他们做出来的东西一旦被判定为“烂版”肯定特别没面子。

“荣组儿”甚至会参与一些绝密型产品的开发，比如 MIUI V5。MIUI 负责人洪锋说：“很多的沟通是双向性的，需要给用户权力……提前给荣组儿试用 V5 新版本其实也是承担了很多泄密的风险，但是我们又不能够得罪用户，所以当时我们选了大概 10 个用户，这些用户在‘荣组儿’里面的人品是久经考验的，他们是我们用户里面的常委。当你真的信任了用户，用户也会信任你，说到底其实这是一个社区培育的问题。”“荣组儿”这个组织自 2011 年下半年成立以来，并没有出现过任何泄密的情况。[4]

就这样，可怕的米粉制造了一个强大的扭曲力场。不过，这个

---

4 详见金错刀：《小米的秘密——自媒体营销的真相》。

扭曲力场的源头还是产品。

互联网思维武装下的模式创新

从本质上来说，雷军的“互联网七字诀”或许更强调互联网作为一个高效率工具对市场的冲击。与以往的对企业核心技术的创新不同，它更强调“模式的创新”。虽然互联网思维带来的“模式创新”，也涉及用户体验、产品功能等方面的人性化设计，但这些仅仅是创新的一种形式，在本质上有别于“发明类技术专利”之类的单纯性技术创新。

“模式创新”可能无法带来直接的利润，有的企业为了快速抢占市场，往往以免费的模式切入，所以初期往往是亏损的。奇虎360、初期的淘宝、各类打车软件等都是如此。事实上，雷军很早就注意到了一个现象，随着智能手机市场竞争得日趋激烈，手机厂商靠硬件获得高额利润的模式必然难以为继，所以雷军曾经多次表示：小米不会通过硬件赚钱，而是希望能够通过软件和服务赚钱。

但是，小米究竟如何通过软件和服务赚钱，或许雷军一开始也不是很清楚。2011 年，雷军在对话凤凰网科技时称：“现在的自己就好像十年前的马化腾、十年前的李彦宏不知道如何赚钱一样，小米如何实现盈利现在也没有十分明晰的思路。”但是雷军相信，只要有了好的口碑，一切都将纷至沓来。当时雷军的想法是，借助小米手机的放量销售带动小米用户的增长。雷军希望以小米手机为平台，来黏合海量用户，从而赢取对抗竞争对手的资本。直白点说就是，先赔本赚吆喝，把人气攒足，人气旺，做啥都赚钱。

雷军攒人气的想法是不错的，然而，在人们真正看清小米模式之前，这种盈利模式是并不被同行所认可的。对于中国手机企业猛做销量却利润极低，华为任正非曾在 2014 年 4 月对华为消费者 BG 的内部讲话中说道：“苹果年利润 500 亿美金，三星年利润 400 亿美金，你们每年若是能交给我 300 亿美金利润，我就承认你们是世界第三。你们又说电商要卖 2000 万部手机，纯利润是 1 亿美金，一个手机赚 30 元，这算什么高科技、高水平？”显然，任正非对这种低利润的模式并不认可。

但为什么又说雷军攒人气做量的模式是正确的呢？我们先来看看 360、淘宝这些企业是如何实现盈利的。

奇虎 360 一开始是卖杀毒软件的。卖到最后大家都来竞争，360 怎么办？杀毒软件不卖了，免费送给大家使用。以前大家都用瑞星杀毒、卡巴斯基杀毒，一看有免费的，效果也不错，于是纷纷安装。

那 360 怎么挣钱呢？这就涉及盈利模式的问题。大家都来安，安装完了以后，大家的电脑里肯定有了 360 的痕迹。360 给你的电脑杀毒，它不断更新，在这个过程中它就渗透到你的计算机里。然后，它用你的计算机做广告，做流量。所以 360 现在实际上是一个广告公司，这就是跨界经营。

淘宝也是一样，这边有一帮人想卖东西，那边有一帮人想买东西，于是马云就建立一个平台做中间商。一开始上淘宝开店不要钱，人人都可以来，于是这个平台的点击率上去了，于是这个网上交易的平台变成了一个广告平台。马云推出一个支付宝，还是免费让大家用，买卖双方自己交易，等用户数量达到一定程度以后，他又可以收取别的费用。

也就是说，与美国苹果、谷歌以及高通等具有真正核心技术企业的收益、利润率相比，中国当前的手机企业、IT 企业等科技行业的“模式创新”大多仍然是围绕着数量优势和低成本制造展开的，直接的利润较低。

但是，直接利润低，并不代表公司的整体利润低。**人气攒足了，用户量达到一定程度之后，即使企业的主业不变，企业内部的资源整合方式也会发生变化。**比如麦当劳。

雷·克洛克在哈佛大学商学院讲课的时候，说出了麦当劳真正的竞争力所在。他告诉听课的学生，你们一想到麦当劳一定认为它是卖汉堡的，实际上汉堡只是麦当劳产品的一个引子。它围绕着产品整体开发周围的资源。它通过做汉堡发现房地产，它旗下的3万多家店铺就比较值钱。这3万个店就是全球最大的房产市场。

也就是说，人人都知道麦当劳是做汉堡的，不过人家不是通过做汉堡赚起来的，而是通过汉堡来做地产，通过地产来做原材料。也就是说，只要通过主业你能把平台做大，大到某个临界点，你就可以绕过主业，通过其他方式去赚钱。这或许就是雷军所坚持的："小米不靠硬件赚钱"的底气所在。

不过就长远来看，优秀的商业模式创新是需要技术创新来保驾护航的。如果缺乏技术创新或相关资源，模式创新带来的高速增长就不可能持久。中国的团购风潮就是典型。由于没有技术创新做支撑，也没有其他资源能力构建起足够的门槛，团购最终成了简单的资本竞争，必然会昙花一现。

对于小米来说，即便不靠硬件盈利，但是仅靠"微创新"想进入美欧等知识产权法律法规相对完善的市场，必然困难重重。而一旦中国手机市场的需求见顶，海外市场又因专利等原因无法快速推进，企业就必然会进入发展的瓶颈。所以说，小米通过模式创新获得的高速增长，虽然是值得称道的，但这仅仅是它在成功之路上的第一步。

接下来，尽快补齐技术专利上的不足以适应海外战场，小米或许才能真正实现雷军"不做中国的苹果，要做世界的小米"的梦想。

小米的"互联网化"

小米通过互联网手机，将互联网思维成功复制到了手机行业。

总结起来，不少方法值得大家借鉴，下文具体分析。

把手机当成电脑做

雷军创立小米之初就说要做互联网手机。雷军认为，互联网手机和智能手机是两个不同的物种，智能手机的核心还是手机，而互联网手机的重点则是互联网。

雷军认为互联网手机应具备几大要素：第一，把手机当成电脑做，追求高性能、高性价比，并以接近硬件的成本价销售；第二，借助互联网让用户参与产品研发，一切以用户体验为中心；第三，采用电商直销模式减掉中间环节，把渠道差价返还给消费者。

因此，当有人说小米是手机企业时，雷军反驳，小米本质上是互联网企业，“我们用互联网的方式做手机、卖手机、推广产品，也用互联网的方式做售后服务，可以说每一个环节都互联网化了”。

一切以用户体验为中心

“一切以用户体验为中心”，这样的话我们已经听得太多了，其实这句话主要讲了两层意思：一是痛点；二是微创新。只有真正理解这两层意思，你才能真正明白移动互联网时代的产品需要如何“以用户为中心”。

痛点思维，挖掘用户需求中隐藏最深的东西

痛点，其实就是一个细分市场的众多需求中隐藏得最深的那个关键点。比如脑白金，当年史玉柱去做市场调研，问老人们的需求是什么。老人给出的答案有三个：第一，有助于睡眠的；第二，能帮助肠胃消化的；第三，不用自己花钱的。用户的这几个需求大部分厂商都知道，但是大部分厂商都更看重前两个需求，只有史玉柱将第三个需求作为痛点来处理。虽然有很多人指责脑白金广告恶俗，

但它却真实地反映了用户的痛点需求。所以说，痛点即商机。

小米手机上市之后备受追捧，在很短的时间内就成为国内手机行业的领跑者，一个重要原因就是“痛点思维”：了解用户最不满意的地方，通过功能改善缓解给用户造成的或轻或重的痛点。这些痛点正是小米产品创新的源泉。

传统企业想了解用户需求，会经过层层的数据传达，速度很慢，流程烦琐，滞后情况严重，小米很巧妙地通过网络途径解决了这一沟通难题。小米社区每天都会有很多粉丝在线，他们会在社区表达真实想法，那些抱怨、批评的声音就是用户痛点，小米都能在第一时间发现。

乔布斯认为，知道自己想要什么并不是消费者的任务。小米也有类似的观点，了解用户痛点，不能等用户喊出来，而是要真正地用心去洞察用户需求，不仅要做调研，关注各种反馈数据，而且要换位思考，用心体验。

雷军是小米产品最用心的体验者，他经常冲到产品开发一线。有一次接受记者采访，雷军发现了一个问题：记者用智能手机录音经常会被打进来的电话打断。针对这一痛点，雷军以产品经理的身份，在 MIUI V5 中设计了新的录音机功能。

小米用户体验总监、小米路由器产品负责人唐沐介绍了一种做用户调研的简单方法。他认为，如果你想知道用户对某款产品最大的痛点是什么，你可以在百度输入产品名字，比如输入“路由器”，搜索框会自动匹配常用的搜索问题，结果显示“如何设置路由器”的问题最多，我们就知道用户最大的痛点是不会设置路由器。所以我们死磕体验环节，努力做到两步呈现，把体验做透才能解决用户痛点。

微创新，以微小但可控的方式催生市场变化

找到了用户的痛点之后，企业要做的事情就是有针对性地进行创新。

创新对应三种方式的创新。第一个就是原创。这个一般很难做。第二个叫学习加模仿。其实就是在已有模本的基础上，根据用户反馈，持续改进，渐进改进，不断试错，不断打磨出另有一番新意的产品。

第三个就是集成。就是把甲的东西拿一点，把乙的东西拿一点，与自己的结合起来，形成一个集成创新。

后两种创新思维方式其实就是人们常说的微创新，也是现今人们普遍采用的。

小米的创新实际上就是一种围绕用户应用的“微创新”，它通过微小和可控制的方式催生市场变化。小米正是从小处着眼，贴近用户需求，加上快速地更新换代，才让产品备受消费者的青睐。

目前国内的很多互联网应用，基本上都是从国外copy一份过来，然后通过不断改进，加以本土化。虽然由于文化差异，国内的产品最终往往跟原产品的演进方向不同，不过抽出本质，微创新的产品都是在他人原有产品的基础上改进的，因此很多人认为微创新有为抄袭辩护的嫌疑。不过，不管是哪种途径的创新，普通用户关注的往往是其创造的价值，而非创新的形式。

比如，MIUI。它实际上是基于Android的一个深度定制系统。为了将用户界面做得更人性化，更适合中国人使用，从MIUI诞生起，小米团队坚持每周公布新版本。通过不断迭代、不断试错，MIUI对短信、通讯录、手机设置界面做了大量琐碎的改进，但是MIUI仍然是Android系统。雷军本人也不否认这一点，在凤凰科技举办的趋势沙龙上，雷军曾坦言：“小米并没有像谷歌或者苹果那样石破天惊的创新，我们的创新是一点一滴积累的。”

小米走的是一条和苹果、三星完全不同的路，它不像苹果那样高高在上，要把消费者打造成艺术品的收藏者；也不像三星那样，试图做手机行业的超市，它要做的是将用户变成工匠，引导他们走进一个科技天堂，然后通过一个个“微创新”赢得关注和利润。

微创新其实是一种做减法的创新：在原有的、人们已经接受的好东西的基础上发觉痛点，然后把痛点扩大，并做到极致，最终让用户只能记住这一个点。微创新就是能够引起客户口碑的创新，因为好的产品不常有，便宜的产品也不常有，又好又便宜的产品更不常有，但是通过微创新，这些都可以实现。这也正是微创新产品受欢迎的一大原因。

可以预见，微创新必然会成为企业制胜未来的一种新打法。那些能够针对用户痛点、小步快跑的“微创新”公司，在未来也将更具竞争力。

巧妙捕捉痛点，进行微创新

既然微创新能如此高效快捷地满足用户需求，那么具体来说，企业该如何准确捕捉用户痛点，进行微创新呢？

1. 广泛收集用户意见。

据说，雷军的手机通讯录里存着1000多个“米粉”的电话号码。在这些“米粉”的参与下，小米进行了200多项创新：上百种主题风格的解锁方式、群发短信前自动添加名称的功能、用户没有接听电话时友好提醒来电方的开车模式……这些创新都是从用户体验出发，口碑都很好。

这种让客户做产品经理，广泛听取用户意见的做法，保证了小米的产品能准确捕捉用户痛点。这或许就是在互联网时代，在人人都担心诚信缺失的情况下，小米还能将饥饿营销进行下去的关键。

2. 借鉴海底捞的服务方式，发动一线员工的力量。

雷军多次表示，小米没有管理层，每个人都是一线员工。刘德表示，小米有“全民客服”模式，“小米8100多个员工，每个人都是客服，他们每天盯微博、微信，发现任何的问题，都会反馈回来”。

3. 成为超级用户。[5]

小米用户体验总监唐沐认为，一个工程师要想真正了解用户在想什么，就必须在一分钟内变身超级用户，真正把自己当成对产品设计一无所知的用户去思考。**找用户痛点最忌装逼，最忌以自我为中心，以公司为中心。因为用户想的跟公司、跟工程师想的真的不一样。**

此外，结合唐沐在微创新总裁营上讲解的用户体验实战课，本书认为企业要想准确捕捉用户痛点，进行微创新，还应注意以下几点。

一是产品功能的简单叠加不可取。QQ一开始是一个简单的IM软件，经过不断的发展，它增加了QQ秀、QQ邮箱、腾讯网等服务，但是这些不断叠加的功能并没有使它更加完善。微信的出现给它带来了空前的危机。这说明，随着大环境的变化，一个产品单靠叠加功能是不可能成功的。

二是产品功能不等于用户体验。很多产品设计师都认为，搞定产品功能就万事大吉了。事实上，产品功能并不等于用户体验。把你一厢情愿的产品功能和用户真实的体验结合起来，你的产品才算真正做完。

三是挖掘痛点必须结合用户特点。做产品，你必须关心产品的受众是谁。互联网时代的用户有太多选择，因此他们也更挑剔。很多用户早已习惯免费，而且他们的需求变化特别很快。今天他们需要一款APP去发泄去释放，但这款APP出现没多久，用户又会觉

---

5 详见小米用户体验总监、小米路由器产品负责人唐沐在微创新总裁营上的演讲（2014年5月24日）。

得人人都在借助它释放坏情绪，使得这款APP充斥着负能量，于是又去寻找新的好玩的东西。所以，想做好产品，你必须敏锐地捕捉用户的这种心理变化，在他们冷落你之前就有新招数出来。

以电商渠道为主的销售方式

2010年1月，谷歌推出了一款在网络渠道销售的手机，然而这款手机在全球范围内只卖了5万台就被迫偃旗息鼓了。因此，当雷军提出小米手机要在互联网销售时，很多人反应激烈："谷歌都干不成，你凭什么就能干成？"其实雷军深知小米的重要卖点是高性价比，而渠道费用是决定手机成本的重要因素，采用电子商务直销模式，渠道成本能够缩减为零，营销成本就能大幅降低，最终的受益者是消费者。也正因为如此，小米能够创造一次又一次的销售记录。

如今，小米70%的产品都是通过电商渠道销售的。小米电商系统可以承受每分钟30万下单量的压力，在2014年4月8日"米粉节"当天约1500万UV的冲击下安然无恙。"米粉节"后24小时内小米物流发货56万单，刷新此前单日峰值发货30万单的纪录。

从目前的趋势来看，电商的发展非常迅猛，很可能会逐步取代传统的生意模式，所以必须紧跟时代潮流，全面拥抱电商。**传统企业在现阶段必须两条腿走路：一是传统型的销售，二是电商销售。**

小米的"互联网化"

"以互联网的模式做手机"，是小米的一个颠覆性创举。雷军曾表示，小米更像亚马逊——都是做软件平台，产品都在网上销售。雷军曾将"互联网思维"定义成一种"互联网营销＋电商直销＋社交式客户关系"的组合模式。

我们可以通过两个维度来理解雷军所说的“互联网模式做手机”：**一是互联网营销+电商直销，即不断被各界夸大的粉丝营销与社会化传播；二是电商直销+社交式客户关系，也是更重要的——像亚马逊那样的平台，以此为平台，才能衍生出雷军所说的“软件+服务”的盈利点。**

其实从MIUI开始，小米就一直在互联网营销和电商直销的领域里尝试，但是这两方面实际上是“互联网公司”的重要组成部分，是小米实现“互联网化”最基础的部分，要做成亚马逊、阿里巴巴和Google那样的互联网公司，小米就必须组建社交式客户关系，实现小米互联网化的第二个维度。

从2014年开始，小米加快了互联网化的步伐：

首先，涉足手机游戏。2014年1月，麒麟游戏CEO尚进加盟小米，开始负责小米的移动游戏平台。随后，小米注资2000万美元（小米占股4.71%），成为金山软件旗下游戏子公司西山居重要战略合作伙伴。

其次，试水移动金融和支付。2014年2月19日，小米与北京银行签署了一份合作协议。双方将在移动支付、便捷信贷、产品定制、渠道扩展等多方面进行合作。

第三，押注云服务。2014年12月，小米、金山和淡马锡三家总计2.96亿美元对世纪互联的投资。同时雷军还宣布金山软件旗下的金山云打算在3～5年投10亿美金，力求在云服务大战中占得先机。

小米的投资足具战略性，因为从打造生态链的角度来看，小米肯定不会将核心应用寄托在他人身上。但云服务涉及各项业务，小米在分身乏术的情况下，选择通过投资来绑定利益关系就非常巧妙了。

小米活用互联网思维，不仅补足了自身核心技术不足的短板，而且掀起了一场小米“互联网化”商业革命。提到这场商业革命，必须先说说“雷军系”互联网生态系统。

大家都知道，雷军在创办小米之前已投资凡客、乐淘、拉卡拉、UC、可牛等17家公司。2011年，他又创办了顺为基金，投资了无忧英语、阿姨帮、雷锋网、载乐、丁香园、微聚等近20家互联网公司。其中，金山软件、猎豹移动、欢聚时代、迅雷都已上市。而这些投资项目都可以巧妙融入或支撑小米现有的生态系统。换句话说，即使小米一分钱不赚，有这些互联网公司的应用和服务它也足以存活。

按照雷军的战略规划和产业布局，小米将通过手机、电视、路由器乃至汽车等硬件产品，整合“雷军系”内外的互联网软件和应用服务，逐步进入大众生活，进而搭建一整套服务体系，打造一个互联网超级帝国。

通过上述分析我们可以看出，小米的战场并非仅仅在手机行业，它真正的对手实际上是阿里、腾讯、百度等互联网巨头。正因如此，周鸿祎才会感慨：“将来的互联网格局不再是‘B（百度）A（阿里巴巴）T（腾讯）’，而是‘ATM’。”这个“M”，指的就是小米。

专利困局，小米难以言说的痛

在短短的几年时间内，小米已经在出货量上达到了世界第三、国内第一的水平。在快速发展的背后，是小米一直在走低成本、低研发的路线，这一路线在帮助小米以价格优势赢得市场的同时，也会不可避免地使它陷入国内外的专利纷争之中。目前，小米科技申请的专利数量为1390项，与其他公司相比少得可怜，小米获得授权的专利为10项，市场占有率的快速提升会给竞争对手带来巨大的压力和刺激。但是，历史证明，当市场争夺战难以找到突破口的时候，专利战往往会成为科技巨头之间市场博弈的重要工具，而专利战的背后，恰恰是市场地位之争。

专利纠纷，海外扩张受阻

小米从很多竞争对手身上获得了创新的灵感，但一个不争的事实是，小米的发展有很大程度上得益于中国比较宽松的知识产权法规。但小米想要进军海外就不一样了，在知识产权保护较为完善的西方，小米很可能举步维艰。

2014 年 7 月，小米在印度设立分公司。期间，爱立信要求小米为搭载有与爱立信有专利冲突的处理器支付费用，但小米并没有回复。随后，爱立信在印度提起诉讼，并提出诉前禁令，在解决此专利纠纷前，小米不得在印度销售相关产品。此后，小米在印度一度停止销售，并关停官网网页。经过短暂斡旋，印度德里法院授予小米"临时许可"，可继续向印度销售基于高通处理器的手机红米 1S，前提是小米每台设备预缴 100 印度卢比于法院提存。而刚刚在印度上市的红米 Note 仍不得销售，后者搭载的正是与爱立信有专利纠纷的处理器。

知识产权往往是跨国公司打击竞争对手的常用武器，拥有大量手机及通信相关专利的公司远不止爱立信一家，苹果、三星、收购了摩托罗拉的谷歌、收购了诺基亚的微软都掌握着大量的专利。一旦小米支付了爱立信的专利费用，却没有同时在专利上和这些公司达成一致，那极有可能再被这些公司告上法庭。

小米面临的专利纷争不只发生在国外，在国内，小米也曾连续遭遇专利纠纷。华为、中兴都在国内向小米等厂商发出过专利律师函，格力电器董事长董明珠在公开演讲中甚至宣称小米侵犯别人的专利是"小偷"行为，将小米科技再次推向了风口浪尖。

不仅小米手机，小米生态系产品也未例外。2014 年底，小米的空气净化器就陷入了专利纠纷困局。日本的巴慕达声称，小米空气净化器无论从外观、内部构造和宣传文案上都与其年初发布的

AirEngine 安之风空气净化器高度相似。此外，参与小米空气净化器开发设计的大本雄也曾供职于巴慕达，他 2014 年 5 月从巴慕达离职。而且与巴慕达签订的离职协议中就包含有竞业禁止条款、专利使用申请条款以及保密条款。

进入 2015 年，小米面临的专利问题，并没有由于时间的推移而被人遗忘，3 月 23 日印度新德里高等法院发布最新文件，宣布爱立信起诉小米将开庭审理，又一次让小米的专利战成为人们关注的焦点。

小米初创期以模仿为主，后期虽然也在专利方面有所努力，但因为技术积淀等问题，在核心技术上一直扮演着一个追赶者的角色。尤其是相比华为、中兴这样的从通信过渡到手机的厂商来讲，这种差距尤为明显。在 4G 手机上，小米出现了落后，就是这个短板的反映。这些“事故”，给小米提了个醒：**缺少核心技术将成为小米未来发展的最大隐患。**

当然，雷军也没有坐以待毙。2014 年小米以超过 1 亿元曲线救国地收购了芯片制造公司联芯科技。2014 年 12 月 5 日，金山软件宣布将与小米成立一支规模为 2 亿元的基金，主要投资知识产权项目，借此开展与知识产权相关的投资活动，围绕雷军系企业未来战略做专利布局。

低研发成本付出的代价

2015 年两会期间，雷军发表公开讲话时表示专利战是小米的“成人礼”。他说：“专利战几乎就是手机行业的拳王争霸战的一部分。看一下苹果被诉讼多少回，三星被诉讼多少回，苹果和三星互打多少回，专利是智能手机行业的游戏规则。起诉我们，说明我们已经进入了规模。”雷军将专利纷争看成是手机行业的游戏规则之一，因此他从第一天做手机开始，就预计小米会面临专利战，而且表示小米做手机的时间还很短，要想积累专利，就还需要时间。

而实际上，早在两年前，雷军就有过应对专利战的布局。小米的人才结构中，也有不少有专利背景的人物，比如小米的专利总监张亮和原知识产权总监徐伟锋，但这些专利人才队伍仍然没能解决小米面临的专利纠纷。

从 2010 年 4 月成立以来，小米就定位于是一家专注于高端智能手机、互联网电视自主研发的创新型科技企业，小米手机、MIUI、米聊、小米网、小米盒子、小米电视和小米路由器是小米旗下的核心业务。现在，小米基本达到了世界第三、国内第一的水平。但在高速发展的背后，是小米一直在走低成本、低研发的路线，这一路线在帮助小米以价格优势赢得市场的同时，也不可避免地会让它陷入国内外的专利纠纷之中。

在激烈的市场竞争中，企业的自身实力将是决定成败的重要因素之一。企业必须对知识产权更加重视并有所积累，长期投入研发资金和专业团队，不断提升自主创新能力。研发投入的高低是公认的评价一个公司的创新能力的因素之一。

曾经有一篇《华为身处创新者的窘境而浑然不觉》的文章将小米模式作为衡量 IT 企业发展模式优劣的标准和样板，引发不小的辩论和争议。对此，华为创始人任正非曾回应称“未来 5 至 8 年，会爆发一场专利世界大战，华为必须对此要有清醒的认识！”当时，人们就纷纷揣测这句话是说给小米听的。

面对专利围剿，小米该如何应对？

2015 年第一季度，小米的出货量在中国市场紧随苹果之后，位列第二。紧接着，二三季度和双十一的销量开始低于预期，但市场目前仍在给予小米不小的支持，如果小米加把劲，或许仍可完成一年 8000 万台的出货量。不过值得警惕的是，在这样那样耀眼的数据背后，小米的专利诉讼风险也在与日俱增。

在高通公司接受反垄断的处罚以后，小米的专利短板就变成了极为现实的困扰。因为**一个公司市场份额越高，其遭遇的诉讼风险也会越高**。小米在印度被爱立信盯上，或许还只是个开始。这个软肋，就像是一颗定时炸弹，随时可以在小米最脆弱的时候爆发。区别只在于，过去，导火索只在高通一家公司手里，而现在，它却分散在了十几个同行业的对手中。大家都在等待，看谁是那个点燃下一根导火索的人。

小米的专利储备还远远不够

在一开始的几年，小米几乎就没有自己的专利储备。它的方式是通过购买高通的芯片来给自己上保险，因为一条“免费反向许可”，其他公司甚至都没办法起诉小米有专利侵权。

所谓“免费反向许可”，乃是高通用来维持下游生态链的方式，目的是不让下游手机厂商陷入反复诉讼之中。比如手机厂商甲用了高通的芯片，就需要把他们自己拥有的专利无偿反向许可给高通，而当高通的芯片卖给手机厂商乙时，乙就不用再向原手机厂商支付专利费了，甲也不能去法院控告乙侵权。这种模式无疑对创立初期，专利储备较少的小米是极为有利的。

但是现在，游戏规则发生了变化。在我国发改委公布的处罚信息中，很重要的一条就是“不要求我国被许可人将专利进行免费反向许可”。此路不通时，小米开始有意识地买进专利，但亡羊补牢也有嫌晚时，因为小米的起步晚，它的专利储备肯定不够。

要想构建完善的专利防御系统，小米就需要增加大量的成本，比如购买专利、应对诉讼、扩张法务部人员、申请和维护专利等。在智能手机竞争日益剧烈的未来，如果竞争对手想要压制小米，祭起专利的大旗，无疑会对小米是一种很大的威胁。

其实在手机行业，专利诉讼本就屡见不鲜，一批批的企业都曾在这种情况下败下阵来，当初苹果全球起诉三星、摩托罗拉、HTC，衡量的重要标准之一就是市场份额，而这些被起诉的厂家，每一个手上的专利储备都比小米要多得多。

如果小米想要进入知识保护产权较为完备的欧美，专利问题将是它的一道迈不过去的坎。当初 HTC 进军美国，就是被对手攻击专利软肋才显示出颓势的。这也是为什么小米科技在 2015 年 5 月 19 日面对欧美市场正式上线的在线商店，上架的产品全是配件，缺少专利密集的智能手机。其实即便是配件，也可能涉及一些核心专利的问题。

摆在小米面前的几条路

小米想要摆脱自己的专利短板，就只有几条路可以选择，要么是学华为中兴，继续向高通等公司购买专利；要么是自己加大投入，开发自己的专利；还有一条是学联想，去收购那些拥有大量专利的同行业公司。

不过目前来看，小米似乎是在走第二条路。

雷军曾将手机的芯片看成是手机价格战的核心要素。2013 年时，雷军就表示："如果芯片的价格能从三四十美元降到三四美元，甚至是免费，那小米的高端手机可以做到 500 元。"可是，雷军的呼吁没有得到响应，他只好自己去实现梦想。

2014 年 11 月，小米的全资子公司松果电子与国内主要的手机芯片企业联芯科技签署《SDR1860 平台技术转让合同》，以 1.03 亿元价格获得该技术平台的授权许可。同时，联芯科技还与松果电子签署了战略合作协议，双方将合作研发设计 4G 芯片。之前，联芯科技根据 SDR1860 推出了 LC1860 芯片，该芯片被联芯定义为"价格杀手"，主攻低端市场。拥有 SDR1860 平台技术之后，小米可以直接生产 LC1860 产品。

2015 年 3 月，小米推出红米 2A，首次使用了 LC1860 芯片，与使用高通芯片的不同是，红米 2A 牺牲了“电信、联通”用户，但是红米 2A 的售价更低，仅 599 元，比红米 2 低 100 元。

不小的价格差让红米 2A 迅速抢占了红米 2 的风头。2015 年 6 月，小米公布红米 2 系列手机销量突破千万，其中发售不足 3 个月的红米 2A 就贡献了差不多 50%。

小米与联芯的合作，不仅是要开辟自己的芯片渠道，当然也有向高通施压的味道。其实，在小米之前，三星、苹果、华为、LG 等厂商也都在手机中部分采用了自研芯片。

手机芯片可以分为通信处理器（BP）、应用处理器（AP）。华为便通过海思自主进行了 AP、BP 芯片的研发，以支撑其手机的高端路线。由于华为手机在信号、能耗方面的良好性能，使其成功转入了高端手机市场。国内很多 Uber、滴滴车主便因为“信号好、抢单快、GPS 定位精准”等原因选用了华为手机。2015 年上半年，华为 Mate7 销量超过 500 万台，P7 销量超过 700 万台。

目前，小米还无法自研 AP、BP，这使得它在与一批手机厂商竞争时，开始逐渐显现出颓势。不过，小米也在寻找自己的道路。2015 年 6 月，雷军在自己的微博中发布公告称：“原高通大中华区总裁王翔跳槽小米，担任高级副总裁。”王翔的加入，我们可以看作是小米是在下力气自主研制芯片释放的一个信号。

其实，小米的战略布局并不只是芯片，小米的专利布局也已经逐渐浮出水面。2015 年上半年，小米就开始陆续组建专利团队，主要成员都来自于拥有丰富专利经验的公司。此外，小米还曾投资成立专利运营公司“智谷”，由金山 CEO 张宏江出任智谷 CEO。目前，智谷已经储备专利资产超过 1300 件，其中超过 50% 为高价值的授权专利。

小米的梦想确实足够大。但冰冻三尺非一日之寒，**知识产权体系的构筑，需要金钱投入与契机。**如果内功如中国足球一般虚弱，即便拉来国际一流教练，恐怕也会回天乏术。

第六章

雷军的卖花技术
——小米营销的成功与考验

把企业产品比喻成花的话，再好的花得销售出去。

互联网不仅仅是销售产品、提升形象、传播文化和处理公共关系的工具性平台；随着互联网应用日新月异的发展，加速由“人机交互”向“人人交互”的转变，实现虚拟世界与现实世界的深度融合，将深刻地改变企业的经营思路和管理模式。小米一度在“和用户交朋友”上玩得风生水起，但此一时彼一时，谁又能料到，小米也有碰壁时。

营销媒体社会化

在互联网化的大趋势下，很多网络媒体都不可避免地加入了社交属性。哪怕只是一个分享按钮，只要你能通过一次点击将信息分享给社交网站的好友，我们就可以说这个网站是社会化媒体。如今几乎所有的网络媒体都可以称为社会化媒体。

关系链是社会化媒体最重要的组成部分。社会化媒体营销的一个显著优势就是用户对于信息的信任度高，而信任度高的原因就是社交关系链。企业只有很好地利用用户的社交关系链，才能发挥社会化媒体营销的优势。

社会化媒体营销的秘诀：兜售参与感[6]

今天，社会化媒体营销和移动互联网的势头已经是锐不可当的了，而这两者正是最需要创意才能跟顾客、跟大众建立关系，创造利润的。

2013 年 10 月 24 日，在上海召开的“WeTech2013 移动互联网论坛”上，黎万强指出：**参与感是新营销的灵魂**。至于如何在新营销、社会化媒体里塑造参与感，黎万强的撒手锏有两个，一个是话题的营销，一个是活动营销。

话题营销

话题营销方面，小米反对高大全，注重娱乐化，即用屌丝的心态来调侃自己调侃别人。

---

6 详见“WeTech2013 移动互联网论坛”上，黎万强的演讲（2013 年 10 月 24 日）。

比如小米手机青春版首发之前，小米先在微博上预热了一个话题：我的 150 克青春。为什么青春是 150 克呢？就在大家摸不着头脑的时候，小米发出了一系列的青春插画，勾起大家对青春的回忆。可能觉得还不过瘾，七个主创人又以屌丝的身份集体装嫩拍了一张电影《那些年我们一起追的女孩》版的青春照，还以宿舍为背景拍了一个恶搞青春的微电影。

把青春的话题炒热之后，谜底揭晓——这 150 克正是小米手机青春版的重量。

就在这样的话题营销下，产品发布当天微博的转发创了记录，有 200 多万转发，100 万的评论。

这个例子反映了小米做事的特点：没有明星和美女，没有记者和发布会，只有产品、用户和一群屌丝。但就是这些却能够四两拨千斤，打败以前那种强制性的教育式的营销。过去的营销都试着去给用户洗脑，今天时代变了，我们就**该用一种更娱乐的方式，让产品以更亲切的形象走向用户，让用户感受到你的产品原来是这样的品质，原来你是这样的做事态度。**

活动营销

黎万强认为，**小米做活动无外乎两极分化，要么有很大的利益诱惑，要么极大地娱乐化**。比如，小米在微博上做的“我是手机控”的活动，在论坛上搞的“智勇大冲关”活动，都满足了人性中需要炫耀的心理。

小米活动营销的一个创新就是，真正把手机发布变成整个运营层长期坚持的一件事情。比如，每周五是小米的周发布日，被定义为“橙色星期五”。橙色星期五之后的下周二，小米会根据用户提交的体验报告数据，评出小米内部的“爆米花奖”。这种将员工奖惩与用户反馈直接挂钩的机制，代替了传统的内部考核和考勤。

在线下，小米也组织了各种活动，比如“爆米花”同城会，类似车友会，通过活动小米用户可以相互交流，一起去玩。类似的活动，用户每年会自发组织三四百场，小米官方也会组织十多场。

综上可以看出，进行话题营销和活动营销主要是为了**塑造一种有爱的互动，通过参与让用户和员工发自内心地热爱你的产品，发自内心地去推荐你的产品**。小米以互联网为主的营销渠道的创新，给这个行业带来了很多启发。

口碑为王的时代企业如何营销？

互联网思维就是口碑为王，因为今天的用户主要以口碑来选择产品。而今天口碑为王的背后，互联网信息正以去中心化的方式飞速传播，通过社会化媒体，每个普通人都是信息节点，都有可能成为意见领袖。

这就意味着：好的传播会导致不好的产品更快走向死亡。特别是今天，互联网让消费者话语权前所未有地高涨时，口碑管理显得更重要，但这很不容易，本质还是要回归到好的产品。在回归好产品的基础上，我跟大家分享一些小技巧。

找准口碑营销的引爆点

什么叫口碑营销的引爆点？举个例子，比如一个假期过后，大家惊奇地发现公司的第一美女一下子从100斤瘦成了80斤的芦柴棒。当大家好奇地议论她是不是因为失恋而“为伊消得人憔悴”时，引爆点就出现了。

马尔科姆·格拉德威尔在其著作《引爆点》中说，我们的世界看上去很坚固，但在《纽约客》怪才格拉德威尔的眼里，只要你找到那个点，轻轻一触，这个世界就会动起来：一位满意而归的顾客能让新开张的餐馆座无虚席，一位涂鸦爱好者能在地铁掀起犯罪浪潮，一位精明小伙传递的信息拉开了美国独立战争的序幕——这些看起来不起眼的点，却是任何人都不能忽视的引爆点。

对企业来说，要找准引爆点必须对产品有准确的定位。有人会说你别说“定位”了，“定位”早就过时了，它胶柱鼓瑟害死了很多企业。其实我觉得说这种话的人根本就不懂什么是“定位”。很多企业都把愿景拿来当定位，动辄就说要做某一行业的第一品牌，这等于是在说他要做世界上最牛的企业，这样定位企业等于没定位。

小米在做产品的时候一直在试图超预期，但是雷军知道一上来就希望小米超过苹果，希望每个面都比别人好是不可能的。小米能在很多功能上，在核心口碑上比对手强就行了。比如说小米以前的每一代产品都比三星和 HTC 跑得快。也就是说，**你核心的东西要超越用户预期，只有超越预期才会形成口碑。**

企业产品的营销定位一定要稳、准、狠，关于这一点，大家可以参考 2013 年 2 月加多宝发起的“对不起”营销。它用四张悲情的哭泣宝宝照片，配以简单的文案，看似是在诉说自己的弱势，却剑剑戳中竞争对手的痛处。加多宝的这张悲情牌立刻引爆了网民的同情心，这四张图片获得了 4 万多的转发量，加多宝顺利将输掉官司的负面新闻扭转为成功的公关营销事件。

口碑营销就是要这样，**定位具体，你才更容易找到引爆点，让消费者帮你传播。**否则，你自己都不知道自己在宣传什么，就算发烧友想帮你传播他也无从帮起。

与传播者共赢

企业希望别人帮你做传播，但你要给对方一个帮你做传播的理由。以朋友圈为例。一个企业加入朋友圈，其实跟普通人一样，都是希望通过“经营”朋友圈获得交际利益。仔细研究这帮想通过朋友圈获得交际利益的人，你会发现，他们在朋友圈发言，都是为了

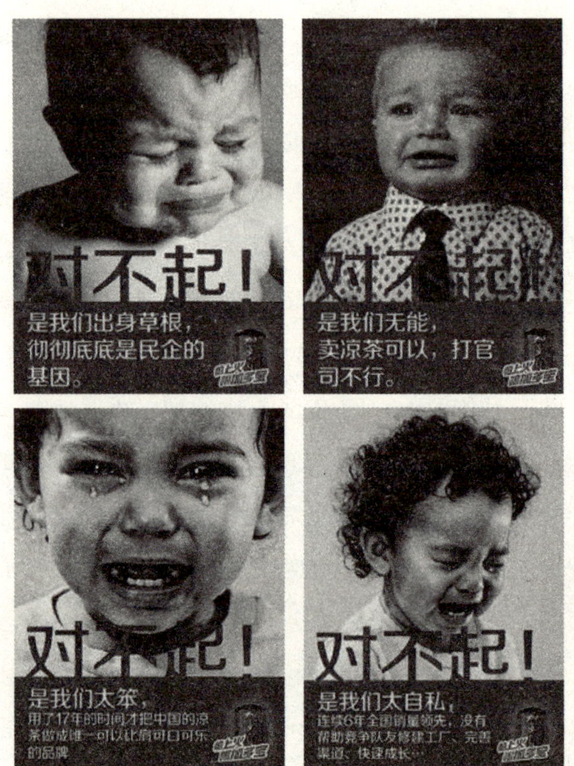

加多宝发起的“对不起”营销

“炫耀”。不一定是炫富，有人炫耀美食，有人炫耀交际，有人炫耀独特的观点……针对这些人，如果企业提供一些资源、一些装备，给他们带来值得炫耀的东西，那么这个企业的公众号，肯定就会在朋友圈里变得更有价值。

互动，拉近粉丝与偶像间的距离

截至 2014 年 8 月 8 日，雷军微博上的粉丝数已经超过 1100 万，拥有如此巨量粉丝的微博大 V，一般是明星、名人。明星们只是将微博作为一个大喇叭，点对面地朝粉丝喊话，而雷军则会回复一些用户的提问，转发一些小米用户的产品体验，切实拉近与粉丝的距离。这也为雷军塑造了一种非常亲善的公众形象。

把雷军包装成“明星”

雷军曾思考过两个问题：

第一，延续百年的企业有哪些？雷军第一个想到的是同仁堂；

第二，有没有延续千年的组织？雷军的答案是：宗教。

《商业周刊》（2012年第11期）中刊载了一篇题为《如何把小米煮成一锅粥》的文章。文中记述了雷军在接受采访时的一段表述：“我就是想用宗教的一些方法来进行商业，我理解的小米就是一个商业宗教。”

可能雷军自己也没有想到，他的这句话一出，立即引起了无数狂热米粉的热烈响应，成立“米教”，尊雷军为“教主”的呼声此起彼伏。甚至有米粉建议，将米粉的称呼改为“米徒”，即表示小米的信徒，也表示不论雷教主说什么，心中都会跟着说：Me Too！更让人意想不到的是，狂热的米粉还迅速起草并在网上发布了一份“纲领性”文件《米教教义》。

不管这一事件后续如何发酵，我相信大家更感兴趣的一定是：雷军是如何赢得粉丝们如此狂热拥戴的？

一个组织，肯定要有个教主式的人物。这个人物要非常有影响力，有特点，即使没特点也要包装出特点，只有这样才能吸引更多忠实的粉丝。显而易见，雷军必须成为小米的“教主”，而小米也必须将雷军打造成为被粉丝追捧的明星。下面，我来还原一下雷军是如何一步步当上“米教主”的。

前期光环

雷军是IT行业的元老，他曾带领金山软件成功上市，现在仍旧担任金山的董事长。他创建的卓越网，曾经是中国最大的书籍、音乐和电影在线零售商，2004 年被亚马逊以 7500 万美元收购。他还是一名成功的投资人，成功投资了 20 多家创业公司，并协同多家公司上市。当年他出任金山总经理，风光无限的时候，马化腾在打工，马云还在四处碰壁。这些光环，一下子就将雷军推到了公众关注的焦点上。

以大佬粉丝的姿态赚大佬的粉丝

乔布斯被粉丝称为“乔帮主”，他是移动互联网行业粉丝最多的“教主”。小米的产品与苹果的产品有很多相似之处，而且小米的产品更本土化，雷军在接受媒体采访时从不掩饰自己对乔布斯的敬仰，这就很容易带动处于苹果与小米“临界”位置的粉丝去关注小米，进而成为小米的粉丝。而且雷军很善于运用此道去赚大佬们的粉丝。

2013 年雷军与刘德华见面前，先发微博称：我会见到刘德华，大家建议我问什么问题？最好是高端大气上档次的问题。

活动后，雷军在微博上分享了与刘德华的照片，还表达了作为刘德华的粉丝面对偶像时的心情，“今天下午，一直想和刘德华合影，不好意思开口，后来请刘德华签名了。晚上请同事找记者要了几张现场照片。”瞬间赢得了与刘德华粉丝的认同感。

同时，面对某媒体官方微博调侃雷军几个小时未变的坐姿。雷军也转发并表示，“面对偶像刘德华，我太紧张了……”

连续几天，光是雷军发的有关刘德华的微博，转发数和评论数均超过 6000 次，其他媒体的关注也只高不低。

雷军这样做很容易引得“米粉”和明星粉丝的双重关注。

靠实力撑起高大上

一方面突出小米的出色销售业绩、MIUI 的用户数，用成绩包装出小米的科技感。另一方面，加大对雷军本人的宣传和包装。比如，在第二届“米粉节”上，除了公布小米 2012 年卖出 719 万部小米手机的骄傲成绩外，还现场展示了雷军获得的一些奖励。比如，《财富杂志》全球 11 位颠覆商业规则的创新者之一。

借助身份定位与发烧友共鸣

雷军自称是深度手机发烧友。他用过的手机超过 60 部，其中包括最早版的摩托罗拉“板砖手机”。他还自曝在 2004 年使用诺基亚手机后发现很多问题，向供职芬兰公司的朋友提出 1500 多条改善建议，但诺基亚却无动于衷。雷军对手机的热爱很容易引起有“发烧友”特征的“米粉”的共鸣。

在小米的定位中，典型的“米粉”具备以下特征：年龄介于 20 岁到 30 岁之间，职业属性为理工男，经济实力尚可，采购能力有限。这样一个群体，很容易将定位为“程序员、无线电爱好者、手机发烧友”的雷军捧为教主。

把自己打造成企业形象代言人

产品做得差不多，个人影响力也拉升得差不多了，就上中央电视台，和中央电视台搞好关系，然后频繁地接受采访，在中央电视台频繁地露脸。这实际上是把企业家当成企业的形象代言人来炒作。有的企业花很多钱请形象代言人，其实不如把钱花到企业家身上，打造他的成功经历。

中央电视台是随便去的吗？不是，这都是专门的媒体公关团队运作的结果。

总之，**雷军固然有天然的做偶像的条件，但是有步骤、有计划的包装也十分重要。这其实就是企业家品牌的自营销。**

像明星一样与粉丝做朋友

明星们都有自己的粉丝群体，在百度贴吧、QQ 群等网上社区有他们的基地。明星所在的公司、经纪人也会定期帮助明星举办粉丝见面会，从而增加粉丝的认同感、归属感。

小米公司学习明星这种经营粉丝的方式，与粉丝交朋友，以“共同爱好”为出发点，将这些粉丝凝聚在一起。雷军曾要求小米团队一定要“与米粉做朋友”。那么，如何与粉丝做朋友呢？让我们来看看小米是怎么做的。

把用户放在最重要的位置

小米坚持把用户当朋友，而非上帝。雷军认为，**凡是口头上把用户当上帝的，全是骗人的。因为中国人没有几个信上帝。把用户当朋友你才能造就一个伟大的公司。**

不过，要真心真意和用户交朋友，其实挺难的。因为做企业肯定是希望从消费者口袋里挣到足够多的钱。为了平衡二者的关系，雷军坚持把用户放在最重要的位置，先让用户满意，再考虑企业的利润。这其实就是互联网的利他思维，就是先做对他人有利的事情，然后自己再获利，进而实现利益双赢。

雷军认为，和用户交朋友，最重要的是倾听用户的声音，根据用户的意见改进产品。雷军在小米的工号是“001”，他称自己为小米的“一号客服”。这个“一号客服”服务的方式和渠道就是他的微博。雷军新浪微博的粉丝数量超过600万。只要有空他就刷微博，看到粉丝提的问题，他都会回复并要求马上解决。

正是因为小米把用户放在第一位，大家才会很热情地帮小米提各种各样的意见，很热心地向其他朋友推荐小米的产品。在过去几年，用户就为小米提交了1.5亿条的意见。

雷军说：“小米和其他品牌是不一样的，我们是和用户同步成长的，如果我们真心地和用户做朋友，用户就会帮助我们改善产品，甚至帮助我们做研发，帮助我们去推广。”

让粉丝变成“大明星”

从 2011 年年底开始，小米每到年终都会把全国各地的米粉们请到北京来，组织一个 “爆米花年度盛典”。现场铺上红地毯，设计了 T 型舞台，届时小米公司的所有创始人和团队主管都会到场，和米粉们聚在一起拍照、玩游戏，还可以吃到专门为活动定制的爆米花。

在这场欢乐的聚会中，小米会精选出几十位各领域的资深米粉，为他们制作专门的 VCR，请他们走上红地毯，去领取属于他们的“金米兔”奖杯。慢慢地，这些频频曝光的资深粉丝就会成为米粉群体中的“大明星”。此外，小米还会让这些资深米粉成为《爆米花》杂志封面的时尚主角。

这些活动将粉丝的参与感推向了顶峰。**怎样让用户参与进来，让他们和小米官方团队一起，成为产品改进、品牌传播的“大明星”，这也正是小米和很多传统品牌最大的不同。**

给粉丝提供参与感

参与感是小米品牌理念中的灵魂。黎万强认为，年轻一代消费的是参与感，他不单单说我看到你、摸到你，还需要能够参与进来跟你一起成长。下面看看小米是如何给粉丝提供参与感的。

为用户提供参与的便利

用户需要参与感，但是如果参与的方式太过复杂，会给用户带来很多麻烦，用户参与的热情就会大大降低。小米很注重保护和培养用户的这种参与热情。

当年小米发起“我是手机控”的活动时，微博上传播的主要是纯文字和图片，这就意味着用户不仅需要花时间来琢磨文案，还要花时间来拍摄照片。可是很多人早就忘记了之前用过的手机的具体型号，手机照片更是很难找齐。为了呵护用户珍贵的参与热情，小米团队专门做了一个产品，即“我是手机控”的页面生成工具。有了这个工具，用户只需要在机型列表进行选择，即可自动生成一张图片和微博文案，用户轻松一点按钮就可以把他使用手机的历史分享到微博上去了。

这不仅方便了用户，保证了传播效率，减少了因流程麻烦而致使用户热情流失，而且由于自动生成的分享页面视觉效果更好，大大增强了转发传播的势能。

让粉丝成为员工

为了让粉丝真正地参与进来，小米会吸收有热情、有想法的粉丝加入小米，成为小米的员工。

王铮是一名骨灰级小米粉丝，他参加了至今所有的小米新品发布会；每天必到小米社区论坛跟其他“米粉”聊聊；拥有从小米第一代工程机到小米 3 每一款小米手机，对每款产品的配置、参数、性能等了如指掌；上学期间他曾用兼职打工挣来的钱坐硬座 30 多个小时，就为参加一场“米粉”的线下活动——“爆米花”，与在小米社区上认识的朋友聚一聚。

2012 年年底，在西安“爆米花”的现场，处于大四实习期的王铮鼓起勇气，向黎万强表达了对小米的热爱，并希望来小米实习锻炼。阿黎当场就给了他 Yes。王铮表示：“在未加入小米之前，我就感觉自己已经是小米的一员了，如今以‘米粉’的身份加入小米，特别是负责与粉丝沟通的工作，可以换位思考更好地与粉丝互动。”

吐槽也是一种参与

小米团队反复强调，吐槽也是一种参与。用户不经意的一个吐槽就能被小米团队重视和采纳，用户就会更加关注小米。这样，用户或者说“米粉”就会变相地加入到产品的设计和研发中去，成为小米研发的外援团，进而就会形成一条聪明的需求循环链。

小米的数据挖掘团队汇总每天搜集的用户需求、建议信息，形成小米内部讨论会的主题，这才会有MIUI每周一次的更新，才会有小米手机“开车模式”等。MIUI每次更新的功能，有1/3由“米粉”提供。

数据挖掘在幕后为小米和用户架起了桥梁，所以小米团队也希望用户能多说小米存在的问题。用户的这些“坏话”，正是小米改进产品和服务的方向。

实现有效的粉丝营销

粉丝营销(Fans marketing)是指企业利用优秀的产品或企业知名度拉拢庞大的消费者群体作为粉丝，利用粉丝相互传导的方式，达到营销目的的商业理念。现在也被用于电影营销方面，指利用明星的知名度吸引观众观看影片，利用粉丝相互传导的方式，达到营销目的。而小米，就是粉丝营销的完美诠释者。

小米式“0预算”粉丝营销

粉丝的力量来源于自身对偶像的信仰，而信仰的力量是巨大的，那些做自杀式炸弹的宗教极端分子不正是为了自己的信仰而献身的吗？当然，这是非常极端的例子，但我们都不可否认，粉丝团的形成和相应开展的活动，已经开始影响我们的商业营销模式。

2011年5月底，开始筹备小米手机的发布时，黎万强接下了小米手机的营销任务。雷军对黎万强说：“你做MIUI的时候没花一分钱，做手机是不是也能这样？”于是，摆在黎万强面前的问题就是：在“0预算”的前提下，如何实现有效的“粉丝营销”？

建立用户忠诚度

传统企业营销是先通过广告砸钱砸出知名度，然后再做品牌美誉度，最后是维护用户的忠诚度。黎万强认为**粉丝营销的第一步，是把情感营销做到极致，首先建立起用户的忠诚度。有了用户忠诚度，再通过口碑传播使之不断强化，最后在广泛口碑的基础上做知名度。**

黎万强首先建立了小米手机论坛，然后发力微博。很多人好奇，论坛和微博营销是很多公司的常规武器，为什么小米把它们变成杀伤级的武器？

首先是把新营销当作主战场。因为没有预算，小米只能选择社会化营销的手段。小米论坛、微博、微信、QQ 空间等是其新营销的主战场。

其次，客服就是营销。很多企业把客服当成应对用户问题的挡箭牌，而在小米客服本身就是营销。小米一直提倡全民客服的理念，鼓励员工真正近距离地接触用户。从雷军开始，包括每个工程师，是否按时回复论坛上的帖子都是工作考核的重要指标。

再次，下狠招拉粉丝。小米涨粉丝的秘密武器就是话题和事件营销，前文已经有相应的介绍。为了制造话题，刺激转发，小米屡下狠招，一群老男人不惜集体卖萌。小米还有一个屡试不爽的招数，就是有奖转发送小米手机。在利益的驱动下，话题转发量和粉丝增长数量都相当惊人。靠这些手段，小米在微信上 4 个月就做到 100 多万粉丝。

把粉丝数量转化成销量

有粉丝就等于有销量吗？当然不是。创始人在发布会上倾情表演赢得再多粉丝的掌声和欢呼，但是产品发布之后，却没有引发抢购热潮，营销都是不成功的。所以说，光有数量众多的粉丝还不够，能把粉丝转化成购买力才是真本事。

要落实到购买行为，**粉丝营销必须抓住问题的根本——产品。围绕着产品，企业要抓产品的性能、服务的专业，当然也包括销售渠道、流程的专业。但是一切还是要以产品说话，营销、包装只是外围**。产品和服务不到位，粉丝到用户的转化率也会受影响。之前有手机厂商为韩庚定制的“庚Phone”，为崔健定制的“蓝色骨头”都没有获得多大的市场反响就是这个原因。有句话说得很好：**把粉丝变成消费者不是本事，把消费者变成粉丝才是本事。**

互联网催生了自媒体这一强大的信息推手，而自媒体玩的就是粉丝经济。通过自媒体的思维带动粉丝经济，才能真正激活潜在的用户，使之成为有效的粉丝。通过和这些有效粉丝的互动，将其变为活跃粉丝，然后再从中孵化出核心粉丝。最后这批核心粉丝才真正有价值，才能产生粉丝经济。数量可观的核心粉丝能形成巨大的传播力，他们会通过自身喜欢的方式来帮你做宣传，以此来吸引他人的关注。

小米善于运用这种自媒体自带的“自传播”形式。为了能使这些可精细化运营的粉丝支撑小米的营销神话，黎万强的做法是让用户有深入的参与感，靠用户扭曲力场。扭曲力场是《星际迷航》里的一个术语，外星人通过极致的精神力量建造了新世界。苹果的员工曾用“现实扭曲力场”来形容乔布斯。

为了借助米粉这一极致的精神力量建造小米的世界。不管是在产品、技术上，还是在营销、运营上，小米都把米粉当作第一原动力。小米以广大用户为塔基，构建了一个用户扭曲力场的金字塔。他们从微博、微信、事件营销等跟随参与小米的活动，给小米提供了强悍又忠诚的支持。

很多人难以相信，在小米2012年700万台的手机销售量里，粉丝重复购买两台到四台的竟占42%。所以说，在互联网的世界里，当你拥有足够多的追随者之后，采用什么样的经营模式都能赚到钱。雷军正是深谙互联网强大的粉丝力量，才不断造粉让小米的口碑无限扩张，让其他手机厂商望尘莫及的。

周边产品：粉丝效应带来暴利点

小米手机在众多“米粉”的狂热支持下成为抢手货，在手机的带动下，小米为满足粉丝的多种需求，不断跑马圈地开发周边产品，一步步向一家互联网公司努力。**小米公司的成功，不仅在于其市场策略，也在于其能借助粉丝效应，实现多点盈利。而小米手机之外的一系列周边产品，才是真正的暴利点。**

大家去小米商城看看就知道了。小米商城除了手机，也经营各种让人眼花缭乱的小米手机周边产品，99 元的后壳，69 元的保护套，39 元的贴纸，25 元的挂饰等等，价格相对偏高。这些手机配件的利润通常可翻数十倍，这是小米手机所不能企及的。所以细细分析，你会发现，小米的手机产品其实只是虾兵蟹将，而真正的大鱼则在手机之外，包括这些看似不起眼的周边产品。

熟悉小米的朋友一定知道“米兔”，但是相信很多人都不知道，这只带有雷锋帽的萌兔在小米网居然售出了 18 万之多！雷军都觉得“米兔”是一个意外的惊喜。有人说小米经营这些周边产品属于不务正业，雷军则认为，周边产品能烘托品牌，让小米品牌更生动。

雷军表示，小米鼓励年轻员工做好玩的事情。有米粉提议，给小米设计一个吉祥物吧，米兔就诞生了。后来又有人提议，给米兔设计几套衣服吧，给他找个女朋友吧等等，小米都一一满足。雷军的理念是，只要能给用户带来惊喜的点子小米都欢迎。所以，除了小米手机、小米盒子及小米电视等主要产品，小米网上的周边产品越来越多，小米文化衫、小米帆布鞋、小米遥控飞车、小米钱包、小米背包……这些商品外观漂亮但价格偏高，为小米带来了丰厚的利润回报。

雷军把这些周边产品带来的收入称为“米粉给的小费”。不过，这些“小费”数目并不小。2013年，小米周边产品的收入超过10亿元，而且这个比例还在不断增长。

总的来说，只要你的产品让消费者满意，那么你**可以在一个消费者身上挖掘的价值就是无穷的。能够深度挖掘消费者的终身价值，**就算你卖手机不挣钱，那卖盒子可能挣钱；就算卖盒子不挣钱，那可能卖鞋子能挣钱。只要消费者满意，产品可以层出不穷。换句话说，只要消费者满意，企业就不愁没钱赚。

以饥饿的方式推动营销

互联网时代，谁能够前瞻性地看到顾客内心对未来的向往，谁就能获得发展的机会。小米正是抓住了顾客的内心的这种欲望，才敢在激烈的竞争中展开饥饿营销的。

很多人反映，想要拥有一部小米手机比购买一部苹果手机还难。为什么？因为需要预约，需要抢购，需要排队，需要F码……即便如此，还是有无数米粉在耐心地等着，第一轮抢不着，等第二轮，直到抢到为止。一部看似普通的国产手机，为何具有这么大的吸引力？这就是饥饿营销的力量。想必众多米粉翘首盼着新机型上市及其呼天喊地抢购的场景，早就让大家见识到了这一点。

虽然在2013年“中国经济年度人物”颁奖典礼上，雷军面对董明珠的质疑曾反复强调：“第一，小米没有营销团队，我们提倡最好的团队就是最好的营销，我们建议不要把心思花在营销。第二，我们建议最好的服务就是最好的营销，不要把精力放在所谓的营销上。”但是，自从小米进入手机市场和消费者的视野之后，就再也无法和“饥饿营销”撇清关系。

饥饿营销的心理学解读

在市场营销学中，所谓饥饿营销是指商品提供者有意调低供货量，以影响供求关系，制造供不应求“假象”，从而维持商品终端较高的售价和利润率。不过，抬高价格顶多算是饥饿营销的小把戏，**饥饿营销的真正目的是让品牌产生相对高额的附加价值，从而打造出一个高端大气上档次的产品形象。**

商家都很精明，他们知道一旦自己的产品建立起良好的形象，就可以很奢侈地玩一玩“品牌溢价”这个高端武器，从消费者的腰包里掏出更多的银子。所以说，虽然“饥饿营销”听起来不是很好听，但它绝对算得上是一种大智慧和大策略。

西方经济学家用“效用”来描述人们对消费物品和服务所产生的满意程度。“效用理论”很好地阐述了饥饿营销的实质：它让消费者从对产品或服务的消费中获得一种满足感。“饥饿营销”有效地利用了西方经济学中的效用理论，有意识地去强化顾客在购买过程中感受到的心理满足。

“饥饿营销”在国内似乎还是一门比较新的学问，但是深究其国学渊源，我认为其理论核心与孟子“君子引而不发，跃如也”的思想是一致的，其意思近似于“囤积货物待价而沽”。

下面具体剖析“饥饿营销”的心理学根源及其随之而来的热销效应。

从众心理

心理学和行为学研究表明，很多时候人们并不清楚自己为什么要购买某件东西，但每个人都清楚自己买错东西将要承担的风险。

一是金钱损失：买错了东西必然会导致金钱受损。

二是功能风险：买到的东西不如预期的好用。

三是生理风险：商品会对使用者造成生理上的伤害。

四是社会风险：家人、朋友可能并不认同你购买这一产品。

五是心理风险：购买不当可能会导致懊恼、内疚等内心不适。

正是由于上述原因，很多消费者多多少少都会有一定程度的购买抉择恐惧，我们暂且称之为“选择困难症”。而这种选择性障碍其实是一种心理缺乏安全感的表现，毕竟做出购买抉择是要承担上述风险的。而这也正是导致消费者跟风购买的心理根源。

尤其是在如今的手机市场上，品牌也好，机型也好，实在多得让人数不清，各大厂商都在“比学赶超”，不仅搞成了同质化竞争，还猛堆那些没几个人能看得懂的优质参数。在苹果、三星成为“街机”的时候，在众多消费者对厂家的宣传茫然无解的时候，限量抢购的小米走上了前台，让大家眼前一亮，这回不用再困难地选择了，就挑这个富有叛逆色彩的神机吧！从这个角度来看，小米带来的“饥饿”，恰恰反映了生活在这个时代的人们，在精神上的空虚和行动上的无力，只是很多人并没有意识到，自己患上了“饥饿症”。

消费者的购买行为会受到内外环境的影响。这里的外部环境主要就是指商家的营销活动对消费者购买抉择的影响。中国人普遍有种从众心理，一看那么多人排队，那我也赶紧去看看，在这当中丧失了自己的主见和判断。比如在微博、微信朋友圈上很多人都在传一家餐厅多好多好，随着不断转发评论，关注的人就会越来越多，这家餐厅就是想不红也难了。可事实上你去尝了后会发现其实也不过如此，可就是因为大家都说好，你也就潜移默化认为好。

在运用“饥饿营销”时，商家会有意强化“供不应求”“限时限量”等稀缺性，渲染出一片热火朝天大家蜂拥抢购的场景，从而使消费者产生急迫感，发生购买行为。

别人争相抢购小米产品的消息，很容易将潜在的消费者带入紧张的抢购状态。很多人在纠结购买什么手机品牌的时候，突然发现有那么一款产品几秒钟就被抢光，从众心理就会促使他们做出相同的选择。一方面，消费者会认为，人人都疯抢的东西必然有其过人之处；另一方面，人们容易从心理上认定，从众可以减少个人犯错的可能性，所以当自己无法做选择时，很多人就会选择从众。而且，当大家选择从众购买的时候，没有谁会想得太认真。毕竟就算错了，自己也仅仅是个跟风者而已。

品牌效应

品牌效应从头到尾都蕴含在“饥饿营销”方式运行过程中，**正是因为品牌号召力，更多的顾客才愿意去尝试购买，商家的“饥饿营销”策略才能得以运作。**比如，将“饥饿营销”运用得如鱼得水的苹果公司。

2011 年 5 月 6 日，在 iPad 新品国内开卖时，每人限购一台，苹果官网放货两个小时后即宣告售罄，北京、上海的很多零售店都出现了百人排队购买的场景。

iPhone4 发布之前，苹果只表示，有新一代的 iPhone 即将面市，产品的具体信息一概避而不谈。之后的很长一段时间，关于 iPhone 4 的信息近乎没有。等消费者获取产品信息的热望被激发出来之后，乔布斯现身说，iPhone4 将“再一次，改变一切”。随之，iPhone 4 面市，各种广告铺天盖地而来。被吊足胃口的消费者，如在沙漠中看到绿洲，于是纷纷踊跃购买。但无论消费者对苹果的呼声有多高，它始终不急不躁，在下一款更新的产品上市之前，不时地让消费者在缺货中等待。

从市场营销方面来看，苹果多年积累起来的口碑，不仅缔造了销售的神话，更重要的是加深了“果粉”对品牌的依恋度。而在“果粉”需要购买产品时，首先想到的就是苹果。在苹果每一款新的产品问世之前，都会有一些相关的人“窥探”得一些秘密，诱惑消费者先睹为快。而最重要的前提是，苹果公司能够将最新的科技和用户体验都发挥到极致。

其实，不光是苹果这样的知名品牌，就连城市中名不见经传的胡同口的小吃店也必须靠品牌效应维持饥饿营销。只不过苹果是世界知名品牌，而小吃店是整条胡同的知名品牌。根据市场的定价理论，**一个本身就没有什么影响力的品牌要是去限量限产，提高价格，非但不符合实际，反而会丢掉原有的市场份额。**

小米虽然也是手机行业的新人，但是雷军却是互联网行业的“老人”；虽然小米不是苹果、三星那样的国际大牌，但是小米拥有一大群忠诚度极高的狂热米粉，而且小米前期的声势营造得很成功，所以它一出手就搅乱了中国智能手机的市场。开放了三轮的预订，总共 75 小时，小米就销出 100 万部手机。“饥饿营销”让小米走进了人们的视野，火了起来。同时，通过饥饿营销，小米的品牌也被赋予了更大的价值。

热销效应

心理专家告诉大家，现在很多商家都会用“饥饿营销”这个方法来刺激消费者。那些知名餐厅外面天天排着那么长的队伍，老板难道不知道多租点店面，多放几个桌子吗？因为不需要。商家心中的呼声其实是：如果我的产品热销，那就应该让全世界都知道它很热销。因为商家需要营造这种供不应求的热销效应来增加产品的神秘感，吸引更多的人前来购买。顾客心甘情愿排队等候就是活生生的广告，这比花钱宣传效果要好得多。

有专业人士表示，热销场面，比如排队等行为，可以激发人们潜在的好奇心，吸引更多的人加入此行列。因此企业会想方设法来制造热卖的气氛。尤其是开业的时候，更讲究所谓的“开门红”，只要开业当天兴隆，那么以后的业绩也不会差到哪里去；如果开业当天就生意冷清，以后你再怎么扭转局面都很难。这就是为什么好多商家开业的时候，不惜花重金来请乐队锣鼓来造势的原因。

饥饿营销就是要打造热销效应，吸引更多人的围观、抢购，从而掀起更热烈的销售局面。而“热销”则被认为是一种“潮流”“时尚”的代表，比如，很多奢侈品都会推出限量版产品，营造紧张的抢购局面，很多人都会以自己能够买到而感到庆幸和荣耀。一旦买到，就忍不住发到微信朋友圈炫耀一番。这样，商家饥饿营销的目的就达到了。

综上，小米手机读懂了客户对高品质低价位的诉求，采用饥饿营销的心理战法，在赢得客户的同时，用差异化的品牌定位手段避开同质化的竞争，从而在广阔的蓝海里收获了丰厚的利润。

小米卖花的技巧——如何培植用户的“饥饿感”

传说，古代有一位君王，吃尽人间的山珍海味之后，变得越来越没有胃口。御厨就告诉他，天下最美味的食物叫作“饿”，但无法轻易得到。君王表示，为了品尝美味，他愿意付出任何艰辛。于是君臣二人跋山涉水，外出寻找美味。经过一整天的跋涉，饥肠辘辘的君王再也走不动了，这时御厨不失时机地把事先藏在树洞之中的“饿”呈上来。君王大喜过望，二话没说，当即把又硬又冷的食物吞咽下肚。事后，意犹未尽的君王大加赞赏，封“饿”为世上第一美味。事实上，御厨制作“饿”所用的食材不过是平常的粗粮杂面而已。

人是欲望的动物，伴随社会的发展，人对各方面的要求也在不断提高，人类的特性为“饥饿营销”的开展打下了坚实的心理基础。从经济学家萨缪尔森提出的幸福公式“幸福 = 效用 / 欲望”可以看出，一旦消费者的欲望被拉动提升，为了维持一定的幸福水平，他就必须从产品或服务中获得更高的效用，为满足欲望的消费也就应运而生。这时是卖方市场，卖方拥有更大的话语权。在这种情况下，商家就可以运用点营销策略，使消费者在购买产品或服务之后能获得更大的幸福感或满足感。比如进行饥饿营销。

进行饥饿营销，前期必须要想办法培植用户的饥饿感。只有用户足够饥饿，你的产品才会像那个在饥饿状态中及时呈上的粗面馍馍，发挥出山珍海味都无法比拟的效用。

雷军一直坚信，如果不让小米维持在“饥饿”状态，或许可以卖出去更多手机，甚至一年就能让小米赚得钵满盆满，但是，这样做小米的价值就会逐渐走低。只有让小米永远缺货，它才能走得更远、更长久。于是，“缺货” 这个受制于产能不足的现状，却阴差阳错地成了小米的必然选择。

“饥饿”赋予了小米这个原本草根出身的手机品牌以特殊的能量。这种能量以其特有的饥饿式链条层层传递，撑开了用户的胃口，于是便诞生了手机、电视盒子、电视、路由器等一系列产品。这些产品无一例外地借用“饥饿”二字做文章，让小米的受众翘首以盼，结果每一款产品的发布都异常火爆。以至于很多米粉都坚信，凡是小米推出的产品，一定具有高性价比，是雷军馈赠给他们的“科技大礼包”。

说到这里，很多人会产生这样的疑问：小米作为一个手机行业的新锐选手，它是如何做到这一点，如何一步步培植出用户的饥饿感，并使之获得更大的满足感的呢？我认为主要是出于以下几点：

高配低价，打造高性价比

小米成功的关键在于性价比。消费者在五花八门的手机市场上虽然追求时尚、前卫，但他们不盲目，他们也会去衡量值不值得。

有数据显示，54.37%的消费者理想的购机价格是1000～2000元，其次是2000～3000元，占24.27%。因此小米手机上市时每台定价1999元，对那些热衷于使用智能手机，但又比较在意价格的消费者是具有极大吸引力的。

小米手机以高端智能机的形式高调上市，但它的价格很多消费者都能接受。这正是小米手机最吸引消费者的一点。而且，很多人经常会拿小米手机跟 iPhone 比较，这也使得小米吸引了更多消费者的眼球。这一借势营销的决策令人叫绝。

在手机市场上，很多手机品牌虽能以绝对的硬件优势压倒大多数杂牌机，但是高昂的价格也让很多消费者望洋兴叹。而小米手机却打破了高端机高价位的魔咒，准确抓住了国内消费者追求物美价廉的心理，喊出了“好货也可以很便宜”的口号，这让消费者兴奋不已，争相奔走相告，所以小米手机一上市就获得了众多消费者的青睐。

精准定位，先做系统后做手机

小米做手机之前进行了翔实的市场分析和精准的客户群定位。小米手机的消费者主要集中在 20 ~ 35 岁，是年轻时尚却又囊中羞涩的一个族群，尤其是 20 出头的年轻人，他们喜欢玩手机喜欢追赶潮流，但是又不能达到随随便便买一部高端智能手机，或者频繁更换最新款的地步。这种人最容易因为高端智能机的“可望而不可即”而成为其狂热的粉丝。

小米团队从这一特定的目标用户入手，先做系统后做手机，从而在用户的头脑里形成了清晰的、不可取代的品牌形象。就这样，在做手机之前，小米已经拥有了百万客户，这些人后来基本都成了小米手机的忠实客户。

前期口碑营销与后期限量惜售相结合

雷军是一个悬念制造大师，也是一个心理战的高手，他懂得真正能让市场沸腾起来的不是商家，而是消费者本身。所以，他让用户广泛参与进来，然后通过口碑营销和社交传播，不断制造话题。

前期的预热，使得小米手机一经发布就窜至各大网站手机版块的头条。但是开卖之后，小米并不大量铺货。比如小米 1，2011 年 8 月 16 日正式发布; 8 月 29 日，1 千台工程纪念版开始发售; 9 月 5 日，才正式开放网络预定；三个多月后的 12 月 18 日，小米 1 才首次开始正式的网络售卖。而这一段时间的宣传，使得小米手机赚足了消费者的关注度，很多人知道了小米手机并准备去购买。结果，在网络售卖的第一天，在短短 5 分钟内，消费者预定的 30 万台手机就闪电售罄。

这其中**需要把握的有两点: 一是时间间隔，间隔短了起不到效果，也吊不起顾客的胃口；间隔长了顾客就不愿意等了。二是空当时间宣传要跟上，让顾客随时能了解最新的进展，这样顾客才会一直等下去。**小米产品一直在卖，一直供不应求，所以小米的宣传推广就可以围绕产品一直做下去，而供不应求本身就是值得炒作的话题。

所以，相对于产能不足而言，很多人更愿意相信，缺货是小米故意限量生产的一种惜售策略。它要让人们产生无限幻想，觉得小米手机可遇而不可求。在很多人的眼中，越稀有的才是越好的，才是人们越想要的。小米真正让人们看到了这一点，所以它的品牌关注度才会一直居高不下。

“饥饿”背后，小米真实的营销

小米从来不在媒体上做广告，其关注度却不在苹果和三星之下，俨然成了国产手机之中最著名的品牌，其中“饥饿营销”功不可没。但是，这并不是说“饥饿营销”是包治百病的“灵丹妙药”，说到底它只是小米营销战略的一部分。发展至今，小米已不是单单靠着“饥饿营销”来销售产品了，其产品本身也具有较强的创新能力，自身品牌也逐渐有了底气。相信在未来的发展中，小米势必能带来别样的体验，跳脱“饥饿营销”的局限性。

这一部分重点分析在“饥饿”的背后，小米最真实的营销。

自媒体营销：先做服务，再做营销

小米联合创始人黎万强在“媒体训练营 2014 年夏季峰会”上分享了一个观点：从营销的角度来讲，每个公司都是自媒体，每个公司都应该让自己快速地转型成为自媒体。理由是，互联网时代是以口碑选择产品的时代。这一点我非常认同。

当然，如今你**要想实现快速传播，必须满足一个前提：你要有真正的好产品、好故事，好到大家愿意为你传播**。互联网时代的信息传播不是蛮横地劈开别人的大脑，强行把信息塞进去，而是悄无声息地，在人们不经意间就使信息潜入其大脑。以前的很多营销案子都是通过密集的广告来轰炸你，而现在大家更加关注的是你能不能讲出故事。商家也都希望通过点点滴滴的故事使自己的品牌慢慢渗透到消费者的心里。

那么，谁来演绎这个故事？当然是内容团队。前新浪网总编辑陈彤加盟小米就表明了小米打造内容团队的决心。只是组建内容团队的周期和成本都非常高。你花两千万去投个广告，可能立刻就能看到效果，但是你要建立一个有战斗力的自媒体团队往往需要两三年的时间。而且，做自媒体需要先做服务，后做营销，可是对企业来讲，肯定是想一上来就做营销。在这种情况下，公司从组织架构和战略发展的角度怎么规划就很重要了。

黎万强建议，**企业做自媒体尽量争取每天都能上头条，因为现在信息太碎片化了，所有的信息都是按时间轴排序的，多劲爆的消息人们对它的关注度基本都不会超过三天**。如果你不能每天折腾，每天都能露个脸的话，很快就被淹没和淡忘了。

服务好 20 万核心用户，挖掘其终生价值

小米到底是一家什么公司？软件？互联网？手机？消费电子？关于这个问题，雷军坦言：“小米是一家独一无二的公司，它是一

家服务核心用户群的公司。”

小米拥有20万核心用户，雷军认为，用户需要的、喜欢的就是小米要做的。若能让这20万核心用户超级喜欢小米，小米就成功了。

为了更精准地定义核心用户群，小米成立了一个专门的数据挖掘团队。这个团队每天的工作就是通过社交及其他互联网手段挖掘数据，分析这20万人到底是谁，购买过什么产品，访问过小米多少次。

这20万核心用户与小米的积极互动，以及小米对“米粉”意见和建议的采纳和重视，为更多人关注这个品牌，建立了一条聪明的需求循环链。这也为后续小米的进军客厅等生态链的完善打下了基础。

总的来说，“饥饿营销”只是小米在特定阶段的权宜之计，并不会一直延续下去。否则，可能会将很多潜在的消费者排斥在外。因为“饥饿营销”是以消费者迫切的购买需求为基础的，在短期内制造出抢购的紧张气氛效果明显。但是当**越来越多的消费者看清了商家搞“饥饿营销”的内幕，就会有人不甘心花费那么多宝贵的时间来做这种营销背后的“牺牲品”。所以，这种让消费者“单恋一枝花”的营销策略通常只适用于品牌认知度较高的产品。**

饥饿营销的危与机

作为营销的一种手段，饥饿营销现在已经被广泛运用在各个领域之中，而小米绝不是第一个敢于吃螃蟹的人。只是相比之下，小米的饥饿营销应该说发挥到了极致。以至于小米成了“饥饿”的代名词。

很多年前在网上看到一个帖子，说一个网友一直喜欢爱马仕的铂金包，但是价格实在是令人咋舌，在国内怕遭白眼所以连店面都不敢进。有一次去新加坡旅游，又看见了爱马仕的店面，她心想：买不起，看看还不行吗？于是她就假装镇定地走了进去。

结果，进去找了一圈，也没有看见铂金包的影子，于是她就指着旁边的海报问旁边笑容满面的店员："这个包是要定做才能拿到的吗？那需要多少时间呢？"小伙子非常诚恳地回答说："是的，女士，这个是需要定的，但是……这个包如果现在定的话，要四年以后才能拿到，因为客人太多了……"

这是一个典型的饥饿营销的案例。据了解，爱马仕的铂金包、凯莉包都不是专柜现货卖出去的，而是采取定制的方式。由于制作爱马仕铂金包的手工工匠人数有限，但全球每年都会接到大量的铂金包订单，所以预订后，如果你运气好的话半年即可入手，但一般国内专柜都需要等三四年的时间。如果是珍稀皮质，工匠需要等到纹路和颜色非常相近的几张皮革出现，才能开始制作包包，这就意味着你可能需要等待五年之久！

买一个包，需要消费者等待四五年，这种饥饿法，没有足够实力的品牌是玩不转的。不过即便是像爱马仕这样的大牌，过度饥饿的市场，也给造假分子提供了可乘之机。掌握爱马仕包包货号、款式和材质等内部机密的员工，就跟咱们国家计划经济时代粮票的管理者一样，权力很大。这种消息稍有走漏，市场上就会迅速出现各类高仿真款，以满足大家的饥饿感，也弥补这一奢侈品的"稀缺性"。

小米目前也面临着类似的危机。小米因饥饿营销而扬名，也因饥饿营销而受到质疑。为什么很多消费者抢不到货，而几乎每次小米新手机上市前，淘宝上都有大量的同步预售？

"大家好，本店铺第一批货已经预定完毕，现在只接受第2批货的预定，价钱是2350元，发货时间是11月底前，具体哪天不保证，不能接受的勿拍。谢谢。"这是小米2发售期间，一家淘宝店的预售公告。

淘宝上小米手机的销量非常不错，小米2热销的时候，一部小米官方售价2299元的32G小米2手机，竟然有4000多笔的成交量，最高的成交价格甚至高达4000元。

在2014年8月小米4正式发售的时候，仍然是一机难求，然而淘宝上却有大量黄牛加价300以上在销售，并称有海量现货。

这直接招致消费者对小米饥饿营销策略的严重质疑。很多消费者认为，小米公司和黄牛串通好了，官方的抢购数量有猫腻。网上流传对于抢购模式的解读：手机厂商通过网上的饥饿营销模式炒作造势，而实际上将大批货源发往传统的销售渠道（店面、运营商等）出售。加价出售抢购炒作成功的机型，成为这些商家攫取利润的主要方式。

通过黄牛购机导致消费者多花钱，但最终若能买到正品，消费者也不会有太多怨言。最可气的是，消费者多花了钱，结果却收到冒牌货。这样，消费者就会把怨恨一股脑地投向小米。很多米粉就是这样倒戈变成“米黑”的。

虽然小米多次对外表示，自己不可能有货不卖，这不符合商业逻辑，尤其是售卖电子产品这类更新换代较快的东西。但是“饥饿营销”所带来的黄牛党，以及黄牛高价售机给“米粉”带来的伤痛，确实损害了小米的口碑和品牌。

经济学上有个法则叫劣币驱逐良币，这对所有采用饥饿营销的商家来说，都是一种警示。一旦市场上真货匮乏而假货泛滥之时，很可能假的就变成了真的。

不过，处在塔尖的奢侈品品牌进行饥饿营销的策略是：吃定固定的购买群。为了买到正品，爱马仕真正的消费者往往不会贪图便宜而去二线渠道冒险；而买到高仿品的往往并不是它真正的服务对象。所以，奢侈品类造假对奢侈品本身的真正用户群并不会造成太大的伤害。因为虚荣，很多人买了高仿品也不愿承认自己拿的是赝品。相反，利益投机者使尽浑身解数去仿造，反倒更能从侧面反衬出这一品牌的抢手。

然而小米却不同，那些愿意通过二线渠道加价购买小米产品的消费者，每一个都是小米品牌忠实的粉丝。伤害了他们，小米的饥饿营销就失去了根基和受众。而且，小米面临的情况比爱马仕要复杂得多：爱马仕已经走到了行业的塔尖，根基较稳，而小米只是智能手机红海之中的新锐选手，还达不到绝对霸气的程度，稍有不慎，就会造成用户的大量流失。因此，已经靠饥饿营销领先的小米，现在应该充分权衡继续推行这一策略的价值与危害，并采取更加有效的方式解决因此产生的负面口碑问题，这对小米品牌的进一步发展至关重要。

饥饿营销与低价策略能否延续?

调查研究表明，中国消费者的品牌忠诚度并不高。很多用户对小米的青睐，可能只是受低价驱动，或是“羊群效应”，和产品品质的相关性并不显著，也不可持续。因此不管是什么原因造成了小米的产能不足，用户在多次抢购小米未果的情况下，都可能失去耐心转而购买其他公司的产品。**持续进行饥饿营销必然会透支小米的信誉及其在米粉心中的地位。**

同样的，小米进军海外市场，也几乎很难复制国内的模式。因为在异国文化中很难打造小米的“米粉经济”，如果只是卖产品的话，和同类品牌相比，竞争优势不大。

另外，小米手机的出现，极具“破坏力”地改变了国内手机市场的游戏规则。在小米之后，联想、华为、魅族等品牌纷纷推出了“优质低价”的机型，争夺消费者。

和苹果相比，小米还很难望其项背。所以小米主要还是和苹果之外的手机厂商竞争。而从产品的竞争力来说，国内厂商已经和小米难分伯仲，主要的差距还是在品牌营销上，不过这些厂商现在也在效仿、学习小米。在这种情况下：如果苹果、三星降价或推出低价机型，小米的竞争优势是否还能继续保持?

新国货情怀营销，能否救下小米

2015年7月26日，小米在北京召开小米电视2S发布会，在大会上，雷军首提“新国货”概念，称新国货就要比洋品牌品质更好，他希望小米的产品能使国人改变对传统国货的印象。“新国货运动”也成为小米在“为发烧而生”之后喊出的一个新标语，而且更为宏大，更具有煽动性，让人在不情不愿不知不觉中被裹挟而走。然而，不可否认的却是，越往上的消费者越不好忽悠。事实证明，拿得出有诚意的好产品消费者才能买账，对于一家科技公司来说，硬件才是内功，而并非光靠一两句口号就能完爆对手的。

新国货运动背后的民粹营销

在2015年小米电视2S的发布会上，雷军没有再穿那件颇具极客范儿的黑色T恤，而是特意穿了一身浅色衬衫和牛仔裤。雷军此举，许是为了淡化国人心中的“雷布斯”形象，又或者是为了给他接下来要打出的“新国货”旗号造势。

本次发布会，雷军背后的“新国货”三个遒劲的红色大字特别醒目，而且作为补充，“国”字头上白色的“小米中国梦”五个字也很耀眼。随后，雷军宣布了小米的最新产品：一款雷军认为的“年轻人的第一台电视”和一款颇为符合中国国情的净水器。

紧接着随着雷军的挥手，大屏幕上显示出四幅画面对比，可以看到一个非常坚挺的小米，以及一败涂地的三星索尼，这一场景立即调动起了台下观众的气氛，掌声不断。

整场发布会，小米延续了国内手机厂家惯用的老路子，将那些竞争对手“吊打”。对于小米来讲，这是一场保住自己市场声誉的发布会，所以小米本身也极其重视。

随后的红米发布会，小米仍是一副用安兔兔的分数嘲讽竞争对手的态势，把撕逼当成乐趣。而在国外，同行业的竞争却多是采用一种更加幽默的方式。

其实，爱国营销并不是小米第一个提出来的。**由于人类的某种群体属性，以及对于“自己人”与“外来者”自行对立的本能，把产品和民族情绪捆绑销售，几乎是在一个世界范畴内拥有普遍共性的营销概念。**四年前，美特斯邦威就打出过“新国货”的概念牌，推出了一个将“长城永不倒，国货当自强”这种低廉的价值观推向新高度的品牌：爱国者。而TCL集团董事长李东生也曾开玩笑说：目前中国消费群体有足够的经济能力，所以不用苹果要靠政治觉悟，“不用TCL没有问题，但是我希望还是用中国货，媒体要带头”。在手机行业，魅族也曾发起过国货运动。

企业之所以要将一个产品放大到民族情感的层面，其根本原因就在于，**这些国货产品在品牌性能达到一定程度以后，在情感层面却难以与潜在消费者产生共鸣，而缺乏情感纽带的品牌是难以实现品牌溢价的。**

国内的硬件公司虽然可以在某些环节生产出与“洋品牌”差别不大的产品，但却没有和“洋品牌”一样的粉丝和号召力。因此，小米不得已才打出“爱国牌”，以激起和消费者的情感共鸣，并营造出自己和“洋品牌”的差异点。

尤瓦尔·赫拉利在《人类简史》一书中说：“人类一直生活在双重现实之中，一方面，我们有河流、树木和狮子这种的确存在的客观现实，而另一方面，我们也有像是神、国家、企业这种想象中的现实，随着时间流逝，想象现实越发强大。”品牌对于国货概念的塑造，无疑也得益于这种“想象”的力量。

但是，具有讽刺意味的是，小米的2S宣称是年轻人的第一台电视，那之前的几代产品呢，又该叫什么？而且，尽管小米祭出了“新国货”的大旗，可是2S的面板参数依然使用了原装三星RGB真

4K屏。

“国货”不应该只是一句口号，而应该转换为实实在在的行动。要知道，小米营销打开国内市场的三驾马车是粉丝经济、明星CEO和饥饿营销，尽管国货都想把东西卖出苹果的价格，但是在国内，越是往上的消费者越不好忽悠，一个产品只有拿出足够的诚意消费者才能买账。对于一家科技公司来说，内功一定要是硬件，所有的爱国情怀之类的东西都是一种点缀而已，并不应该拿来大书特书。

苹果与索尼的悖论

不可否认，在激烈的市场竞争中，小米已经成为中国众多手机行业的众矢之的了。

2015年对小米来说，应该算是艰难的一年，虽然小米的成绩依然喜人，但在面对各路手机厂商的“剿杀”中，小米能否突出重围，前景并不明朗。

华为、乐视、360、锤子，一大波知名企业杀向TMT，让人感觉似乎一下子回到了VCD、彩电、微波炉等行业一二十年前的竞争格局。同样的场景，会重新演绎一遍吗？

其实如果以成交业绩来算，现在小米的线上业绩已经使它成为我国继阿里和京东之外的第三大电商平台了。

小米官网的橱窗式、多品类的布局已然说明，这些年来“雷布斯”已经在极力试探小米的产品边界，同时也造成了小米产品打磨和公司经营的某种悖论。

一直以来，小米都推崇极致的产品主义，这是从苹果那儿学来的。但苹果在iPhone单品系列上显示出来的保守和谨慎，是和它的高利润策略分不开的。故而，站在企业营销层面的角度，小米又在极力向索尼靠齐，希望用国货营销的方式来拔高自己的品牌度，惠及它的众多垂直行业。

殊不知，这却是一个能不能既吃掉糖衣，同时又扔回炮弹的命题。

由此，小米对苹果的复制反映在了一切的表层形态。从雷军被封为“雷布斯”，从他刻意按照乔布斯的外层形象打磨自己到对包豪斯设计语言的效仿和发扬，再到雷军声称的“我们的产品包装跟Applewatch的包装一样精致”。让消费者看到了一个精确剔除苹果的昂贵和高冷属性的小米，将规模庞大的消费能力有限，却又至少在心理层面奢求中高端手机体验的用户拥抱入怀。

同时，小米又在借鉴索尼的民族性，宣称自己是“纯国货”的手机，让人想起二战结束后，盛田昭夫站在废墟上高喊的让工业作坊“打败美国制造，力争世界第一”的口号。20世纪80年代，索尼开始向海外拓展，这与今天小米的步伐也颇为一致。近年来，雷军便在小米的内部会议上频频提到索尼和三星，称希望小米像这两家企业一样具有国民品牌的代言性，再从中国走向世界。

但是，如何来调和这两种角色之间的矛盾，又成了小米一个不可忽视的难题。外界媒体纷纷质疑小米能否“好事占尽”，小米自己也信赖自己的模式具有优先性，毫不松懈地对待一切“地盘之争”。

其实，中国的商业市场环境，既没有美国的自由精神，又缺少日本的团结特征，因此不管是苹果携硅谷之火的恣意蔓延，还是索尼联手松下等公司的一致对外，在小米这里，都会是一个触不可及的遥远路径。

黎万强回归还能拯救小米吗？

2015年初，黎万强离开小米去了硅谷进修，而恰恰在这一年，小米遭遇了自己最大的困境。小米手机一度被华为及其旗下手机荣耀品牌反超，小米电视遭遇吐槽大于点赞，小米生态链产品逐步增加，却被人戏称为“杂货铺”，小米模式也被追赶者和对手批量复制。“小米病”的端倪开始显现，它也从原来的发烧模式变为了现今的常温模式。

在压力面前，小米及媒体自然都希望“关键先生”黎万强能复出，再扛互联网营销的大旗。而黎万强自身也透露，将在假期结束后回到小米工作。这让崇拜敦信黎万强互联网营销的拥趸们兴奋不已。有很多人都认为，黎万强重新参与小米的运营以后，将使小米再次走上高速发展的快车道，而那些竞争对手也将纷纷败下阵来。

但事实真是这样吗？实际上，小米2015年遭遇销量下滑并非只是营销的问题，主要还是在于其“旧疾”的复发，在于新产品的不给力。**小米要想重新走上快车道，重点还是要修炼自己的内功，而营销，充其量只能起一个辅助的作用。**

小米最大的缺陷是同质化情况比较严重，而且它此前延续的高性价比也不再是那么出类拔萃。2015年，小米就遭遇了竞争对手的产品比它的配置更优、技术支持更新和价格更低的窘境。

同时，小米的新技术也处于滞后状态。在主打的性价比日趋无味之后，小米对新技术的跟进嗅觉就不再灵敏，小米在4G手机、2K分辨率屏幕、手机指纹识别上的姗姗来迟，就是这个短板的具体反映。

其实说到底，**营销，都是应该以产品为基础的，以前讲“酒香不怕巷子深”，现在讲“酒香也怕巷子深”，其实不管巷子深与不深，关键还是得看“酒香”，没有这个基础，巷子就会失去意义。只有内在厚重，营销才能在正面进行迭加，如果没有内里，再好的营销也点不起产品之火。**

现在，小米想要擦掉2015年的黯淡，几乎已成了一个不可能完成的任务。即便黎万强出关，如果不改变上述的两大难题，恐怕也很难真的力挽狂澜。

第七章

小米的模式成熟了吗
——互联网平台面临的考验

小米2014年宣布自己的出货量达到了6112万台的时候，大部分的手机厂商都震惊了，并开始重新审视小米这个后来的竞争对手。但骄人的成绩背后，小米的危机才刚刚开始，越来越多的屠夫正盯着它的一举一动，稍有不慎就可能输掉一切。

小米商业模式的目标体系

雷军曾说，小米一直在追求超高性能和超高性价比，提供能让用户尖叫的产品，这是小米的立身之本，是小米一切商业模式、产品策略、营销方法成立的前提。2014 年底，雷军在联想内部演讲时表示，“在创办小米之前，联想的东西就已经在我的 DNA 里了。做小米的时候，我真正学习的是这几家公司：同仁堂、海底捞、沃尔玛和 Costco。向同仁堂一样做产品，货真价实，有信仰；向海底捞学用户服务，做超预期的口碑；向沃尔玛、Costco 这样的公司学运作效率。”这些雷军推崇的企业模式基本构成了小米商业模式的目标体系。[7]

向同仁堂学做产品

谈到基业长青，如何创办百年企业的问题，雷军想到的第一个问题是：在中国，谁做到了百年？雷军首先想到的是同仁堂。

同仁堂的司训是：“品味虽贵必不敢减物力，炮制虽烦必不敢省人工”，意即做产品，材料即便贵也要用最好的，过程虽繁琐也不能偷懒。换句话说，就是要真材实料。但这个事说起来简单，做起来难。所以同仁堂的老祖宗又讲了第二句话：“修合无人见，存心有天知。”你做的一切，只有你自己的良心和老天知道。这一句话，保证了第一句话能够被执行。

这让雷军很受震动。他反复思考，为什么改革开放 30 多年来，中国在全球的观念里，就是生产劣质产品的地方呢？其实问题就在

7 详见君联资本 CEO CLUB 第十四次活动上雷军的演讲。

于中国人太“聪明”，喜欢走捷径、喜欢偷工减料。做企业要想基业长青，那就得真材实料，而要想坚持下去，就要把真材实料变成信仰。在此基础上，雷军总结出企业要想基业长青，就必须要做到两条：第一是真材实料，第二是对得起良心。

想到这儿以后，雷军问了自己第二个问题：有没有延续千年的组织呢？他认为有，那就是宗教。宗教其实就是信仰。所以说**不管是多少年，想办成一个持续永恒的事业，就得有理念，并且要把这种理念变成信仰。**

想明白这两个问题之后，雷军觉得小米要做的第一件事就是确保货真价实。在这方面小米是怎么做的呢？

国内顶尖的供应商

小米手机的供应商、加工厂、代工厂全部都是国内最顶尖的，这些厂商的质量控制能力都十分突出。比如，处理器用高通，屏幕是夏普，最后组装也找全球最大的平台——富士康。

顶尖的供应商、优质的原材料，这些都是要付出代价的。但是雷军有一个观点，贵肯定是有道理的。在这一理论的指导下，小米产品的成本往往比同行高出一大截。但小米还是这样做了。

2011 年，小米的第一款产品做出来的时候，成本高达 2000 元人民币。当时国产手机都是五六百元，两千元的手机怎么卖？小米内部完全没信心，于是就将价格定在 1499 元。雷军一看，一部手机要赔 500 元，这肯定是不行的。在产品发布的前一周，雷军想了一个通宵，然后找几个合伙人商量，最后决定定价 1999 元——要相信，是好的东西就值 1999。结果小米 1 发布之后，大获成功。

这使雷军认识到，我们中国人需要的，首先是好东西，而不仅仅是便宜的东西。因为**如今的中国已经进入产品过剩的时代，企业不能仅靠忽悠生存，而必须认认真真地把产品做好。**

严格的性能测试

“日本经营之神”松下幸之助有句名言：“对产品来说，不是100分就是0分。”在当前的买方市场，任何质量问题都会影响用户的满意度，进而影响企业的美誉度，任何产品只要出现丝毫质量问题都意味着失败。

美国质量管理专家菲利浦·克劳斯比曾经提出关于质量管理的四条定理：**质量就是合乎需求；质量是来自于预防，而不是检验；工作的唯一标准就是“零缺点”；应以“产品不符合标准的代价”衡量质量。也就是说，为了保证零缺陷要不惜花费成本。**

小米手机出厂之前都要经过严格的性能测试。据周光平介绍，小米手机一般会经历5轮抗摔实验，摔下来后做高低温测试，高温75度，低温到零下35度，再做震动测试。这样的实验连续进行5天。此外，小米手机还会经历冲水实验；粉尘实验，即将小米手机拿到洗衣机里转，看是否进粉尘；屁股实验，放到屁股下面坐，看是否会坏。经过几个月的反复测试，手机才投入市场。

米粉监督

雷军是小米最大的产品经理。他带领小米的风格就是在一线紧盯产品。在微博上，雷军公开宣称：“我每天都在论坛和微博里面，时时刻刻感受‘米粉’的声音，我会始终关注小米手机的质量。质量主要由四个方面决定：设计质量，供应商质量，生产质量和出厂质量检验，我一直在关注！”

2012年9月，小米公司首度针对普通用户举办“开放日”活动，30多名小米用户和微博草根大号参观南京代工厂英华达、上海仓储物流中心、杭州“小米之家”等地，全方位了解小米手机从采购、生产，到配送、收货的整个过程，从而形成更直观的认识。短短半年时间，小米举办过十多次类似的活动，让用户相信小米把产品做好的决心，宣扬小米是一家对产品质量负责任的企业。

小米这么做的出发点很简单，就是要聚集用户的智慧做大家都能够参与的手机。换句话说，就是要广大粉丝来给小米做产品经理，做用户体验评测员。难怪互联网革命最牛的思考者克莱·舍基在《认知盈余》中说，**所谓“领先用户创新”，并不是由产品的设计者，而是由该产品最活跃的使用者来推动的。**

口碑验证产品

雷军一直坚信，只要产品好，用户就愿意为你宣传，所以要相信口碑，口碑就是信仰的一部分。关于口碑传播这一块前文已经有相关论述，这里不再赘述。

小米确实还很年轻，还需要时间。有人总拿它跟苹果比，其实，二者是没有可比性的。苹果现在的市值是6000亿美元，假如小米比苹果好，那小米应该能达到8000亿美元，而这一点，小米还远远达不到，所以小米现在肯定不如苹果。但是以小米现在的发展势头，以后的事情就很难说了，正如雷军所说，“我们五年之内，不谈超过苹果。因为你了解得越多，你敬畏的就越多，但这不意味着我们的市场份额不可能比苹果大。”

向海底捞学服务

几年前，微博上有个段子讲得特别好。有个客人在海底捞吃完饭后，想将餐后没吃完的西瓜打包带走，海底捞说不行。可是他结完账时，服务员拎了一个没有切开的西瓜对他说：“您想打包，我们准备了一个完整的西瓜给您带走，切开的西瓜带回去不卫生。”

那一瞬间，客户被打动了。

这就是口碑。雷军认为，海底捞的秘诀其实就是两个字：口碑。

那么，怎么能把口碑做好呢？很多人很快就想到了口碑营销，雷军认为你一旦想到营销，就把这件事情做死了，你首先要考虑的是：什么样的东西才有口碑？

为了验证这个问题，雷军去了趟海底捞。他觉得海底捞跟其他火锅店一样，环境很嘈杂，但海底捞的服务员有着发自内心的笑容。其他的服务型行业，比如民航业，空姐们虽然比海底捞的服务员更漂亮，制服也更好，但是，她们常常是一种皮笑肉不笑的状态。相比之下，海底捞服务员的笑容真的能够打动人。

雷军就问海底捞的服务员："你当个服务员有啥好笑的呢？"对方回答说："我 40 多岁下岗，一直找不到工作，结果海底捞录用了我，七八年前就给我每月四千元的工资，我睡觉做梦都会笑醒。"

雷军很受触动，觉得海底捞不仅感动了客户，连员工都感动了。于是雷军决定，小米客服的工资，在北京首先要比同行的平均工资高 30%，四千块钱起，最高到一万二。雷军知道，如果公司不能对员工好，怎么要求员工对客户好呢？

后来，雷军还去过迪拜的帆船酒店，他是怀着无比崇敬的心情去的。一进帆船酒店，感觉金碧辉煌，好像真的贴了金子，但以现代人的审美来看，这种奢华显得很土。这难道就是全球最好的酒店吗？雷军很失望。帆船酒店各方面都好得惊人，但是由于预期太高，所以雷军真的失望了。

这让雷军意识到，口碑的核心是超越用户的预期。帆船酒店的服务肯定比海底捞的要好，但是它没有超越用户的预期；海底捞破破烂烂的，进去闹哄哄的，但是包括服务员的笑容在内，很多细节都征服了客户，所以海底捞的口碑是无敌的。有了这样无敌的口碑，企业就不需要做广告了。

雷军相信，**比广告更有效果的是口碑。**好产品、好服务本身就是营销，好东西大家会心甘情愿地帮你推广。保健品广告为什么人见人烦，就是因为他们天天吹牛，消费者渐渐都不愿意相信了。不靠广告，企业才会真心真意对待每一个用户。

雷军认为，**口碑不是新媒体营销，其本质是认真琢磨产品和服务怎么能够打动消费者。当你去经营口碑时，你的口碑就一定会有提高。**

向沃尔玛、Costco 学高效低毛利

俗话说：便宜无好货，好货不便宜。雷军的理念却是：便宜有好货，好货要便宜。

怎样才能真正做到好货也便宜呢？在这一点上，沃尔玛和 Costco（好市多，美国最大的连锁会员制仓储量贩店）给了雷军很多启发。

半个世纪以前，沃尔玛的创始人老山姆在家乡开了一家平价商店。那时美国流通行业的平均毛利率是 45%，老山姆觉得薄利多销，一样能挣到钱。为了把成本降到最低，他把超市开到了郊区。因为只要足够便宜，美国人就会愿意开车去购买。所以虽然毛利率低，他也还是有利可赚。就这样，沃尔玛用了三十几年时间就做到了世界第一。

雷军觉得 Costco 的做法值得学习。

同样，Costco 所有的东西，定价只有 1%～14% 的毛利率。任何东西的定价要超过 14% 的毛利率，就要经过 CEO、董事会的批准。

在此基础上，雷军得出一个结论：**一个公司的毛利率越高，未必效益就越好。毛利率高的公司，效率一定很低。在低毛利的情况下，能够实现高效率的工作才厉害。**

小米是电商，是实业的，涉及实业，就要靠效率制胜。小米刚开始是零毛利的，依靠大规模的生产，大概达到百分之十几的毛利率。小米实现盈利的关键在于，控制整体的运作成本。雷军认为，只有低毛利，才能逼着企业提高运作效率。所以，雷军将小米的整

体运作成本控制在 5% 以内。

但是提高效率不等于克扣员工。小米有 7500 人，其中服务部门 5000 人，研发运作部门 2500 人，2014 年含税收入 743 亿元，这需要什么样的运作效率呢？雷军调侃说，小米是全球运作效率最高的公司。

小米是如何做到的？雷军认为一是干掉中间渠道、零售店全部，控制运作成本；二是少做事，用最聪明的人简化流程。

总的来说，企业要想不坑用户，又赚钱，就只能想办法来提高效率。也正是因为高效率，小米才能专注于产品，并提供能使用户尖叫的产品。

小米 = 苹果 + 亚马逊 + 谷歌 + 戴尔

世界上没有完全相同的两片叶子，当然也不可能有两种完全相同的商业模式。在小米的商业模式尚无定论的情况下，我们只能说小米像谁，或者严谨地说小米在某一阶段像谁；进一步说，小米最终想成为谁。在这二者之间，结合前文的分析，我认为小米 = 苹果 + 亚马逊 + 谷歌 + 戴尔。

在苹果的肩膀上

雷军对苹果做过深入细致的分析，知道苹果有哪些优势，又有哪些不足。苹果是手机行业的 NO.1，小米又是以手机为切入点，一步步扩大其作为一家互联网企业的战略版图的，所以，说小米是站在苹果的肩膀上发展起来的一点也不为过。

颠覆性创新“铁人三项”

在过去的十年间，苹果公司取得了巨大的成功，不仅在盈利和公司市值上取得了惊人的成就，而且颠覆了包括音乐、手机、在线阅读等众多市场。

对于苹果的模式，苹果高管的一句话道破天机："苹果成功的秘密在于把最好的软件装在最好的硬件里。"这种软硬件结合提供了优质的用户体验，为用户带来了独特的价值。

苹果借助这一模式相继推出 iPod、iTunes、iPhone、iPad，先后改变了传统音乐、手机和出版行业，在这三个行业中建立起一种新的秩序，苹果自己也因为掌握了硬件、软件和服务的产业关键环节，从而成全了它产业帝国不可动摇的地位。

2011 年 12 月 3 日，雷军在《创业家》举办的黑马大赛上指出，苹果公司之所以成功，是因为它将硬件、软件和服务很好地融合在了一起。要知道，将这三种完全不同的 DNA 融合到一起并不是一件容易的事情。比如说，一家软件公司前十名的高管，可能九个做软件，一个做硬件，十个人在一起开会，做硬件的那个人肯定啥话也没有，因为他说什么都会被另外九张嘴拍死。这样它肯定没办法把硬件做好。

雷军认为，**真正的竞争力在于集大成，能打出组合拳**。而 HTC、三星等硬件厂商的背景为其在竞争中埋下了一定的障碍，正是这个原因导致在当今的智能手机市场上，苹果还没有一个真正势均力敌的对手。

在此基础上，雷军提出了"铁人三项"的概念：硬件 + 软件 + 网络服务。雷军认为，假设以前做手机比的是长跑，而现在则不但要比长跑，还要比游泳、自行车等等，是综合实力的比拼。因此，雷军给小米科技定的目标是一个从一开始就能做好这三项指标的"铁人三项公司"，"这是我们公司真正的核心竞争力"。

雷军当时的想法是："如果我把全球三种基因最优秀的人聚在一起，我有可能办成一个伟大的公司……"于是他找来微软、摩托罗拉、谷歌等各行业的高手来做他的合伙人。

在手机行业曾有这样一个说法：“现在的智能手机只分两种，苹果和非苹果。”雷军知道这句话产生的缘由以及它背后的含义，所以，他一针见血地提出一个词——“颠覆”。**在创办小米的过程中，雷军深知，打败“苹果”的方式绝对不是再复制一只“苹果”。**

那么雷军都进行了哪些颠覆性的创新呢？小米最主要的创新就是把互联网思维融入到了整个手机工业，这就使得小米的“铁人三项”有很多传统手机企业所不具备的亮点，包括苹果在内。这一部分的某些内容在本书的互联网模式相关章节中有详细介绍，这里仅作简单介绍。

一是追求互联网入口价值。

手机是目前人们唯一不可或缺随身携带的电子设备，未来所有的信息服务和电子商务服务都要通过这个设备传递给用户，谁能成为这一入口的统治者谁就是新一代的王者。

小米将自己定位为互联网公司，就表明小米的终极目标是要占领移动互联网的流量入口。目前创造的利润不是小米所要追求的，它要的是积聚大量用户，并借此产生更高额的利润。所以小米的硬件产品才会主打低价路线，而它的软件和互联网服务更是免费提供。这就和众多互联网企业的免费模式有着异曲同工之妙。

二是用户参与。

小米把手机操作系统当成PC应用软件来做，每周定时更新系统，及时解决用户需求。

雷军经常上微博，征集用户的意见，小米产品也经常推出一些公测版，而且论坛上小米用户的贴子小米也会快速回复。小米按照用户的意见改进产品，增强了竞争力。虽然有很多公司都在强调用户参与，但小米在这一点上做得却比大多数公司好得多。小米为此投入了大量人力物力，以响应用户、组织活动、赠送产品等。

三是互联网营销。

在销售渠道上，小米摒弃了传统的专卖店、3C 卖场等，只在线上和运营商渠道直销，而且几乎没有广告投入。商家的运作成本降低了，消费者才能真正得到实惠，这些都是以小米成熟的互联网营销来作支撑的。

四是少就是多。

和传统的硬件厂商相比，小米的产品型号很少，这让小米能够集中精力去开发和完善单品，并以此赢得更多用户。

五是全面布局。

小米和众多原材料供应商、配件生产商、代工商、应用开发商、素材开发商合作，并且投资了很多与自身产业链有关，可以全力协作配合的企业。

多方面的创新，使得小米与普通的硬件公司相比，更像是一个互联网公司。小米科技的营收主要来自围绕其小米手机生态系统打造的互联网平台。因此，雷军在接受路透社采访时表示，国际媒体不应该继续再把小米科技称作“中国版苹果”，因为两家公司之间存在着根本性差异。

同时，小米的创新也告诉我们，**“互联网 +”不是互联网与某一行业、某一事物的简单的叠加。这里的一加一，一定是大于二的。**北京大学政府管理学院副教授黄璜认为，“互联网 + 的关键就是创新。只有创新才能让这个 + 真正有价值，有意义。”

追求铁人三项的综合得分

360 的周鸿祎曾在微博上猛烈抨击小米手机存在暴利，称其每部手机的利润高达七八百元。对于周鸿祎指控的小米暴利说，雷军并未给出太多的正面的回复，但小米向外界公布了手机的成本构成，这其中包括元器件采购、税费、专利费、代工厂加工成本、生产损耗等 11 项。用雷军的话说就是，光税费和专利费合起来每部手机就将近 400 元。小米是创业公司，目前的采购成本远远超过了周鸿祎说的价钱。

也就是说，小米是以接近成本的价格，以不赚钱的方式在卖手机。那么它靠这种不赚钱的方式如何赚钱呢？答案就是**不过分追求硬件单方面的收益，更在乎铁人三项的综合得分。**

传统手机厂商都是靠卖手机硬件赚钱，包括苹果、三星，国内的华为等。而小米的商业模式则是以硬件的高性价比吸引用户，把用户吸引过来之后，再通过软件和服务来赚钱。**互联网时代，电子商务的竞争的核心是比谁拥有的消费用户多，只要用户存在，以后总会持续消费的。**

当然，如果小米手机仅仅是价格低，那也很难留住客户。因为手机更新换代特别快，市场上一有新款，用户可能就会换手机，用户一换手机，你苦心经营的用户就可能变成别人家的用户。所以，如果没有为用户服务的意识，仅仅靠低价卖手机还是不现实的。

为了避免这种情况发生，小米的策略是在不赚钱的模式上发展手机品牌；在打造小米手机品牌的同时，实现软硬件一体化，着力打造 MIUI 系统，让用户不仅是自己手机的用户，而且还是自己系统的用户，这样就能有效地锁定用户。

也就是说，小米不追求在其中某一项的第一，而是追求三项综合得分的领先。在这一策略的指导下，小米实现了“铁人三项”在业务层面的整合。

小米不仅仅是一家手机公司。小米初期绝大部分的收入来自硬件，尤其是手机，所以就会给人“小米是一个手机公司”的感觉。事实上，小米将手机卖给用户的同时，其软件支持和互联网服务也就开始了，这一点有别于以硬件为核心的传统手机公司。另外，小米的产品线已经拓展到电视、机顶盒、路由器，随着时间推移，小米的触角还将延伸到更多的品类。

雷军在采访中指出："今天，我们已经成为中国第三大电子商务公司，并建立起了庞大的移动网络平台。我们拥有众多应用程序。我们基于谷歌(微博)Android 操作系统为小米手机量身打造了功能强大的 MIUI 系统。人们只是还没有弄清楚一点：手机本身只是一个载体而已。微软曾经销售盒装 CD 版 Windows 套装，但微软并不是一家生产纸箱的公司。这里的纸盒和 CD 都只是载体。如果人们不明白这一点，那么就无法理解小米科技到底属于哪一类公司。"

对小米来讲，硬件终端是其软件、互联网服务的载体。以小米 3 手机为例：硬件上，这款 4 核、5 寸屏的手机配置高端，外观设计大气简洁，在国产手机中性能处于前列；软件上，小米是开发完善的，基于安卓的 MIUI，有很多贴心的元素，并且不断吸收用户意见，每周更新。服务上，小米用户可以获得 WiFi 快速登录、小米云服务等一系列互联网服务，如有用户在论坛、微博上提问或表达不满，小米一般会在一小时内予以回复。

需要注意的是，"铁人三项"其实密不可分，小米追求的是三者从战略层到业务层的交互效应；而一个拿着小米产品的用户，体验的也必然是三者的综合效应。小米"铁人三项"已经产生了互补效应。小米的"铁人三项"中，最强的是软件，MIUI 被认为是国内最好的应用操作系统；重要的得分项是硬件，高配低价策略让小米有了大量粉丝，成为其抢占互联网入口的重要工具，也是小米现金流的重要来源；不过互联网服务目前还是小米的弱项。

在国内，谈论云服务似乎还相对较早，但互联网公司的竞争已从应用端，到操作系统，再到硬件手机，越前置，越不可替代。

这个模式是标准的颠覆式创新。就是小米一开始卖的产品，拓展的市场，是业界领先者看不上的，因为初期的利润不够多，但是这种商业模式一旦形成，就会形成一定的准入门槛，让其他同行难以进入。比如，只有 MIUI 是有风险的，其他手机厂商联合起来签个排他协议就可以把你赶出去了。但是小米把手机硬件、软件、服务三者垂直一体化了，别人就拿它没办法了。这就是雷军反复说的铁人三项：硬件、系统软件、云服务三位一体的强大力量。

类似亚马逊的营销渠道模式

2013 年，雷军在接受媒体采访时说："如果有人想将小米和外国企业相比，小米与苹果有相似之处，但小米更像亚马逊。"

在很多人的印象中，亚马逊就是一家电子商务公司。然而，近十年来的发展已经让亚马逊成为云计算、电子商务、消费电子（平板电脑）方面的巨头。在平板电脑市场，亚马逊推出了 Kindle Fire 系列，而且还扮演了价格杀手的角色。

亚马逊 CEO 杰夫·贝佐斯在接受媒体采访时表示，亚马逊销售的 Kindle 平板设备基本是以零利润的方式出售的，公司希望通过用户在使用平板时购买内容和服务赚钱，这些服务既包括电子书、电影等媒体内容，也包含会员费。

这种模式依赖于亚马逊高度成熟的电子商务业务。亚马逊在电子书、电影等媒体内容的积累和其 Prime 会员服务的运营经验是这种模式的强大支撑。

雷军认为小米更像亚马逊，归结起来，应该是出于以下三点原因。

高配低价，但不靠硬件赚钱

首先，小米与亚马逊的硬件设备都采用"高配低价"路线。小米每推出一款新手机，其性价比均不低，并"随机赠送"MIUI 和米聊；亚马逊的电子阅读器 Kindle 也同样以低价格售出，让消费者通过 Kindle 终端而成为 Kindle Store 的用户。

其次，雷军曾多次表示，小米手机不靠硬件赚钱，主要靠服务盈利。这与亚马逊硬件零利润甚至亏本，依靠内容和服务赚钱的盈利模式也是基本一致的，这或许都是雷军认为小米更像亚马逊的一个原因。

虽然当前小米的利润主要来自于其硬件，但小米在积极布局一个生态圈。小米要构建的生态圈包括 MIUI 系统、手机、盒子、商城等。这一生态圈承载着小米的一个平台之梦。小米始终称自己为互联网公司，也就是说硬件只是其诸多业务当中的一项而已，就像 Amazon 的 Kindle Fire 、Google 的 Nexus。

只是构建和培育这一生态圈，前期需要大量金钱和资源的投入，需要小米在很长一段时间内靠硬件盈利来养互联网产品。**目前，小米的主要盈利点是长生命周期所带来的后期硬件盈利。**小米手机刚上市时，如果算上研发成本，的确没怎么赢利，但随着销量的增长带来的采购成本的降低以及一些费用分摊的完成，小米的利润开始显现。据分析称，一部 1999 元的小米手机后期的利润会达到 400 ~ 500 元，这便是小米硬件赚钱的秘密。

在这一点上，虽然都是硬件设备的低价和高性价比，都不靠硬件赚钱，但小米跟亚马逊又是有本质区别的。在很长一段时期内，**小米是将盈利的希望放在以硬件为载体的软件上，暂时用硬件利润养互联网产品和服务，而亚马逊则是用互联网盈利来补贴硬件。**

电商 + 移动互联网平台模式

雷军表示，“我们已经是中国第三大电商企业，且已经打造了一个非常庞大的移动互联网平台。与苹果相比，小米更类似于亚马逊。”也就是说，电商 + 移动互联网平台模式，是雷军认为小米更像亚马逊的另一个原因。

不过虽然都是移动互联网平台，但是就运作模式和盈利点来说，小米跟亚马逊的差别还是很大的。

小米的盈利点是自家的硬件设备，“互联网”只不过是小米销售产品的平台和渠道，而非推广的服务本身。相反，亚马逊的营收则来自于电商、硬件、云服务等诸多方面，它建立的是一个庞杂的互联网服务体系。亚马逊的电商是世界最大的B2C，吸引了无数品牌入驻。而小米商城除了小米自家产品与相关配件外，并没有与其他品牌合作。

按需定制，“零费用”营销

小米创始人雷军在不同场合称自己“向苹果和乔布斯致敬”，其实在心里，他还向另一个公司致敬，即亚马逊，亚马逊的“零费用”营销模式。

小米手机联合创始人黎万强接受采访时认为，除了“铁人三项”，小米手机目前的成功，在于用互联网技术对手机制造业进行了改造，其表现方式有三点：**一是像戴尔那样的供应链管理，不要库存，按需定制；二是像亚马逊那样的渠道管理，降低渠道成本；三是建立在社会化媒体上的“零费用营销”。**

黎万强认为，亚马逊的成功是因为有一套用户感知系统。它可以通达亚马逊网络，通过用户评价、用户购买状况，确定某款产品的受欢迎程度，最终定义产品、确定供货量。基于这套“用户感知系统”，亚马逊打败传统商超，成为互联网时代最大的传奇。

小米电商系统和亚马逊类似，主要还是在于对用户需求的把握，比如MIUI论坛，基于“xiaomi.com”的预购系统，微博、论坛等新媒体平台。发烧友可以通过MIUI论坛随时跟踪小米手机的开发过程，对产品提出自己的意见，好的意见都会被小米团队采纳。同时，通过MIUI论坛、微博、论坛等进行营销，对发烧友级别用户单点突破，达成口碑营销，减少了传统的广告模式，还省下了大笔广告投入。

"xiaomi.com"电商平台则通过限购、预订等环节准确预测了市场容量，还避免了传统手机商面临的渠道商压款问题及退货风险。

黎万强表示：未来，"xiaomi.com"电商平台会积累成一个大数据平台。这些信息将成为小米手机了解用户需求、定义产品的重要平台。

总的来说，雷军所说的，小米更像亚马逊而非苹果，更像是他对小米未来的一种期许。前两点，小米只是做到了与亚马逊形式上的类似，只有第三点做到了神似。就目前来看，小米与亚马逊的区别还很大。不过，以小米目前的发展速度来看，将来是否能成为像亚马逊那样伟大的企业我们仍将拭目以待。

带有谷歌气质的外围扩张模式

谷歌作为现在搜索业务的巨头，谁能想到在2001年之前，其实它一直没找到较好的盈利模式。它一度将自己定位在为那些想得到更好搜索结果的大型网站搜索，结果发现这个市场规模很小，而且利润空间非常小。不仅客户不好找，而且通常客户只愿意提供几万美元的"小费"。

后来，谷歌在风险投资人比尔·格罗斯的启发下，借鉴Overture经验，在改进版的AdWords系统中，增加了竞价机制和按点击量付费的机制。与Overture靠花钱购买广告排名顺序不同的是，AdWords综合考虑广告受欢迎的程度，引入点击率因素来决定排序的变化。但是这项纯粹的商业策略竟被新闻界赞为Google"不做恶"文化的又一具体体现。

就这样，谷歌凭借搜索市场的优势开始靠广告机器赚钱。谷歌既是终端用户系统，也是一个广告系统。谷歌本质上是一个网上社区，谷歌的搜索引擎将每一次用户搜索都当作一个"目的"，通过持续跟踪用户的搜索需求，谷歌建立起了一个"人类意图数据库"。

通过对这些“目的”“意图”分类，广告商可以轻易地识别不同目标群体的兴趣爱好和需求，有针对地投放广告。

2001 年之后，谷歌开始以搜索为核心，分别向价值链的上游和下游扩张。向上游的扩张，主要是对内容产业的扩张，如电子图书、新闻和微博等；向下游的扩张，主要是对下游终端设备的渗透，如智能手机、移动电视等。

虽然谷歌开发了办公软件的网络版、电子邮件、微博、聊天、社交、图片、地图、电子图书、浏览器、手机操作系统等多种产品，其核心业务也在随着互联网价值重心的转移而转移，但它的广告收入依然和它的搜索业务密切相关，所以，谷歌将 70% 的时间和金钱用在了核心业务搜索功能的改善上，其余的 20% 用于与搜索相关度较大的产品的开发上，仅有 10% 用于与搜索关系不大的产品开发。

这一点与小米坚持以手机及 MIUI 系统为核心，链接其他一切智能设备，打造小米生态系统的发展思想是极其吻合的。

在“亚布力中国企业家论坛第十五届年会”上，雷军在演讲中再次强调了小米将以手机为中心连接一切智能设备的发展策略。同时，雷军表示，**按成本价零售产品，通过互联网的衍生收益来获取利润，是小米模式的核心内容。**

雷军在演讲中表示，小米希望用 10 年到 20 年的时间，能带动国内一大批的企业走向世界，在各个领域成为世界第一。雷军认为，小米有一天会像 70 年代的索尼一样，带动整个日本制造业，就像 80 年代、90 年代的三星一样影响整个韩国的工业。

小米手机从第一代开始就以顶级配置低售价，引发智能手机降价热潮，并被手机行业广泛模仿。但是雷军在接受采访时却表示：“优秀的用户体验是建立在完善的生态体系上的，仅仅依靠配置堆砌是做不出好产品的。”言外之意很明显：小米，你们是学不会的！

近年来随着智能手机的普及，越来越多的用户对移动互联网的使用日渐频繁，围绕智能手机衍生出的周边生态圈越来越重要。雷军打造的小米生态体系以小米手机和MIUI系统为核心，围绕这一核心的硬件生态体系也已经初具规模，除小米手机以外，小米路由、小米盒子、小米平板、小米电视、小米手环等产品相继出炉。

2014年7月22日小米发布了小米手机4。随着小米手机4的发布，小米生态体系逐步得到完善，其智能家居的布局也逐渐浮出水面。现代家庭大多拥有多个遥控器，空调、电视、机顶盒、DVD……一个家庭拥有十个八个遥控器已经不是稀罕事，经常搞错遥控器或遥控器损坏的事时有发生。据雷军介绍，小米手机4具备红外线遥控功能，支持2853款设备的遥控。

虽然手机作为万能遥控器不算是创新，但是随着现代家庭遥控器使用频率的升高和手机普及程度的提高，这种结合肯定是未来的一个趋势。有分析师称，小米路由器将智能家居通过WIFI连接起来，现在小米手机又能作为万能遥控器实现远程控制，这就意味着未来以小米手机为核心的智能家居的格局已经出现了。

通过手机这个必备品，将家庭中的硬件设备连接在一起，小米逐渐打造了一个围绕着小米的手机（平板）、电视（盒子）和智能路由器三类核心硬件的周边硬件生态链，所有的这些智能产品，都是与小米手机相连，数据实现共享。

另外，云服务已成为近年来智能手机角逐的焦点，同时也是互联网公司和电信运营商最关注的领域。中国移动和中国电信都推出了手机通信录、短信、手机照片同步上传到云端的服务，更换手机时直接从云端下载数据，避免更换手机过程中的数据导出、导入。这也是大多数手机厂商的做法，将用户习惯使用的软件和通信资料上传到云服务器作为资料备份，通过高速的移动互联网随时调取信息使用。小米手机已经由个人云服务升级为一个互联网服务平台，通过小米黄页等产品向用户提供超短路径的移动互联网生活服务。

以手机为核心，向外围不断扩展的模式潜力是无限的。为什么这么说呢？大家回过头去看看就明白了。最初，手机只是一个通信工具，可是当手机可以播放数字音乐时，流行一时的MP3迅速退出了历史舞台；当手机可以播放视频时，刚刚兴起的MP4和主流媒体掌上影院很快就销声匿迹；当手机上的游戏越来越丰富时，手持游戏机越来越少见；当手机的拍照功能越来越强大时，胶片相机的市场空间被无限压缩，老牌相机厂商们纷纷被迫转战单反和微单市场……也就说，从诞生到现在，手机一直都凭借其强大的功能在不断地取代其他设备。现在手机的功能越来越丰富，可取代的设备越来越多。所以说，围绕着手机，未来小米可做的事情还有很多。

类似戴尔的“轻资产”供应管理模式

在现今这个知识经济的时代，资本、技术、智力等企业资产流动更为频繁，企业之间的分野逐渐被打破，合作更加紧密，企业向各自优势领域集中资源，行业重组不断深化。**企业间的关系已经不再是原来那种局限在交易双方通常意义上的贸易关系，或者是以出资方式联系起来的系列关系，而是包含了更多的虚拟生产、虚拟共生、战略联盟等形态在内，是一种多样化的关系，由此催生出来的新的经营模式，就是轻资产运营模式。**

关于轻资产的定义，当前有两种主流的说法。

第一种说法是固定资产少，可变资产多。

第二种说法则是根据微笑曲线理论和价值链分析模型，企业把自己缺乏或不具备的优势，或难以管理的业务环节及其运营，尽可能地交给合作伙伴，以减少自身的投资和管理成本。

戴尔的“按需定制“模式

戴尔是一个很好的关于轻资产运营的实例。戴尔公司的成功，有很大一部分得益于它的直销模式。戴尔的直销模式有两个核心，一个是营销队伍，一个是组装工厂，其中营销队伍更为重要。戴尔的营销队伍包括外部营销人员和内部营销人员两部分，前者跟踪维持客户，后者开发客户，后者主要服务于前者。

“按需定制”是戴尔直销模式的精华，戴尔借此可以在明了客户的需求后快速回应，并向客户直接发货，没有中间环节，因此戴尔减少了很多不必要的时间和成本，使其能腾出更多时间来理解客户的需要。

在直销模式下的戴尔，产品价位极富竞争力，还有能力为每一位消费者定制并提供具有丰富配置的系统。每隔四天，戴尔就有库存更新，并把最新的相关技术带给消费者，且通过网络的快速传播性和电子商务的便利，为用户搭起沟通桥梁。

传统意义上的直销，主要是面向个人，而戴尔则主要面向商用。商用市场占戴尔总销量的 70% 以上，中小企业占 25% 左右，个人家用市场则只有 5% 左右。全球 500 强企业中，有超过 400 家是戴尔的客户，壳牌平均每周从戴尔订购 1000 台 PC；戴尔甚至专门成立了一个六人的服务团队为通用公司使用的 14 万台戴尔电脑提供服务支持。

有大量客户资源作为基础，才有了戴尔与之配套的供应链管理。戴尔通过管理系统核算，确认库存，然后照数量要求向零部件厂商订货，有些必要的部件就被运到生产据点，每两小时就会这样进行一次，工厂内的部件也是两小时追加一次。从而，戴尔各工厂平均库存维持在 4 天左右，根据工厂的不同甚至只有 2 小时的库存。而其他对手的库存甚至有多达 45 天的。戴尔的成品物流进行外包，95% 的产品可以在 7 天内送达客户手中。

有了营销队伍和供应链管理的支持，戴尔就有了与上游供应商谈合作的本钱。一般来说，本土 PC 企业的运营成本平均占总成本的 8.5%，外国公司则在 20%～22% 左右，而事实上戴尔在中国的运营成本仅为 9%，所以它能做到“本土的价格、国际的品牌”。

总的来说，戴尔供应管理模式的核心就是营销队伍带来的大量客户需求，这是戴尔能够建立大规模的信息化供应链，并使其发挥规模效应，从而使戴尔实现轻资产运营成功的秘密所在。

小米的零库存供应链

企业库存不仅会带来管理成本，而且会制约资金的流动。小米创造的一个奇迹就是它实现了零库存。在小米之前，零库存在智能手机行业尚无人做到，类比 PC 行业，只有戴尔提供了成功的先例。

戴尔模式的实质是在前期挖掘用户需求的基础上进行“按需定制”，小米基本上也能做到这一点。只是手机供应链比 PC 产业链更复杂，而且 PC 产业发展已经成熟，所有零部件已衍化为“通用件”，基本没有“定制件”，不需要“定制”时间。也就是说，**戴尔零库存的供应链管理模式是对“通用件”供应链的管理，而小米零库存的管理则是对“定制件”的管理。**

那么，小米在保持高销量的前提下，是如何维持零库存运营模式的呢？

首先，挖掘客户购买欲望，形成强大的客户群。

曾担任宝洁、迪士尼、雀巢等多家知名公司品牌顾问的马丁·林斯特龙在其著作《买》一书中指出，有一个专门“和上帝沟通的按钮”存在于消费者头脑中。一旦找到并按下它，消费者就会成为产品的粉丝，并对产品抱有如宗教般的情感，在这样的情形下，甚至“产品碎片”都能持续散发魅力。

小米找到了这个“和上帝沟通的按钮”，那就是让用户参与设计。小米以这种方式深挖用户需求，然后通过超高的性价比（硬件高配和超低价格）粘合用户，使他们变成产品狂热的粉丝，最终造就了小米的圈子资源和坚实的用户群基础。

其次，通过网上预定，准确掌握订单数量，实现按需生产。

在轻资产的模式下，小米产品的生产和销售是交叉进行的。大致的流程如下：第一步是网上预订；第二步，根据预定情况，向供应商采购零部件，比如向夏普和东芝采购屏幕，向高通采购芯片，向索尼采购摄像头等等；第三步，交给代工企业，实现按需生产。这一流程能够确保小米不生产多余的产品，从而实现零库存。

值得提醒的是，要实现零库存，需要建立高效的供应链系统，否则极易出现供应链断链造成生产停滞等严重事故。**企业要想建立高效的供应链系统，就要做好高效的信息和订单管理系统。将准确的订单数据输入给下一级供应链，这样才能保证供应链各个环节信息的准确性和及时性。**

此外，零库存并不是指没有库存，而是把库存限制在安全的范围内。也就是说，企业可以设置一个维持企业正常运转的最小库存，或者叫安全库存，这样既便于解决那些难以预测的需求，又不至于因物品积压而制造库存成本。

小米模式面临的考验

2014 年，在被问到如何看待快速崛起的小米时，三星中国研究院的高管说，如果小米手机在 2014 年的出货量能达到 4000 万台，小米就应该能活下去，并正式挤入智能手机厂商的序列。

小米没有让人失望，当雷军通过员工公开信的方式，向外界宣布小米 2014 年的出货量达到了 6112 万台的时候，大部分的手机厂商都震惊了，并开始重新审视小米这个后来的竞争对手。

但骄人的成绩背后，小米的危机其实才刚刚开始，越来越多的屠夫正盯着它的一举一动，稍有不慎就可能输掉一切。

深陷“屏幕门”的小米

2015年8月13日，小米推出千元旗舰红米note2，12小时内，80万台红米note2被一抢而空。但是，表面的繁荣却并没有持续多久，随之而来小米偷换屏幕以及虚假宣传带来的危机开始发酵。

根据小米销售的官网显示，红米note2使用的是夏普/友达屏幕，但消费者拿到手后却发现使用的是天马屏幕，而天马屏幕的价格不及夏普屏幕的四分之一，并出现了黄屏、触摸失灵等现象，小米“屏幕门”爆发。此外，小米宣传的搭载的三星1300万像素摄像头，最后也是搭载的欧菲摄像头。

8月31日，小米发布声明，但没有对出现的这些问题做出解释和道歉，引起更大的反弹。打假人王海甚至公开点名“小米不是一个诚信的公司”。

由于收到了大量用户的投诉和退货，京东、苏宁等主销渠道在小米发布声明之前就启动了红米note2退货、补偿，小米论坛也出现了不少粗暴删帖。

除了对销量和融资的冲击，这次“屏幕门”对小米带来的暗伤还可能更大。小米横空出世的五年，其品牌形象总体而言是年轻、清新的，虽然它一直没有摆脱“屌丝”的标签，但受“屏幕门”的影响，一旦消费者在心中建立了小米不诚信的认知，那么小米未来的品牌进阶将势必难上加难，红米借势小米的品牌力也会大打折扣。

品牌运作的规律是由高到低，而非由低到高。由高到低才会势如破竹，由低到高却会难如登天。红米的热销，一方面是取决于它的低价策略，另一方面是借了小米的品牌势能，从1999元降维进入了千元机市场。而红米note想从小米1999元价位进入3000元价位，肯定会遭遇莫大的阻力。如果一个公司第一款产品定价在899

元，第二款产品却要卖3000元，几乎就是一个不可能完成的任务。只有由高到低才走得通，比如锤子手机T1虽然销量不佳，但它给消费者建立了一个“锤子手机 =3000元机”的概念，因此后来推出899元的坚果手机，销量就很不错。

因此，一个产品如果挂上了低价的标签，就不要再想办法将价格上浮，如果为了迎合价格再被打上不诚信的负面印象，则必然无法构建出一个中高端品牌。

小米最大的成功在于粉丝经济，在于小米将自己定位于“为发烧而生”，然后借助那些发烧友粉丝实现口碑传播。但是**随着小米的成功，其用户已经远远超出了发烧友的小众人群，变成大众用户。这个时候，大众用户的需求和发烧友的需求将有很大的不同。**

口碑效应也是分正负的，就像水能载舟也能覆舟一样。正的口碑效应可以带来滚雪球般的正面传播效应，但是随着用户群的复杂化，那些用着不爽的用户很有可能带来负面的口碑效应，也会带来滚雪球般的负面传播效应。小米这时候尤其需要注意用户群的变化所可能带来的负面口碑效应。

马云说过，一个创业者最重要的，也是你最大的财富，就是诚信。已经收获了社交红利的小米，这次真的应该反思，如何将自己的诚信形象重新树立起来了。

供应链缺钙难题

在小米手机的核心元器件中，有70%的部分都是上游供应商生产的，比如CPU、屏幕等，属于是贴牌生产，这使它比起苹果、三星，甚至国内的华为、中兴、联想等，都少了核心技术的积累，也更容易受制于供应链。

“性价比”是小米的一个核心底牌。然而在缺乏如苹果一样对供应链超强的控制力，也没有像三星一样可以完全自给自足的上下游供应链的情况下，小米就必须在供应链上选择最具“性价比”的供应商和元件——而性能和价格上的平衡点往往是以市场上的滞后为代价的。

受制于低价策略，小米无法不惜血本地投资供应链，以提高产能。因而小米尽管也学习了苹果的轻资产运营，但却不能像苹果一样能在全球范围内挑选供应商，也无法投入大量资金来扶持新的供应商，并给予指导。

小米手机还没有在市场上站到一家独大的位置时，就肯定会有与上游强势供应商和竞争对手间的博弈。例如，小米与高通的合作。虽然高通是小米的股东，但小米和高通之间的合作也并非一帆风顺。而且在供应链倒逼之下引发了小米3的“换芯门”。

事情是这样的：2014年初，消费者在等待了近4个月后，小米3高通版终于发布，但用户发现，手机所用芯片与之前小米宣传的芯片不一致。更换后的芯片不支持电信CDMA 3G网络，也不支持4G网络。其实，导致小米3换芯的原因很可能就是高通要价过高，小米只能退而求其次。也就是说，此次“换芯门”显然就是供应链倒逼之下小米的一次无奈之举。

实际上，在缺乏核心专利、核心配件、核心软件设计能力的情况下，被竞争对手“背后下刀子”的事情常有发生。如中兴在Grand S、华为在P1手机上，都遭遇过三星在屏幕供应上的“黑手”。华为、中兴吃过亏以后，便开始自行布局相关供应链，如华为（荣耀6）、中兴（Q801T）推出自主手机芯片，TCL旗下的华星光电更是预计于2015年推出自主手机屏幕面板。

可以看到，如果小米不能重视打造和完善自己的供应链系统，供应链的问题就肯定还会随着小米的发展而加剧。在出货量加大，而供应链仍旧缺钙的情况下，小米的“期货”模式就无法保障良性循环，必然会引发严重的问题。这就难怪格力的董明珠敢拿10亿跟雷军赌明天。董明珠的底气在于格力作为传统制造业对产业链的控制力，有粉丝的苹果一样有强大的专利和零配件控制力。三星则在上游和技术上渗透到每个环节；而小米不大可能依赖粉丝经济搞全球化，MIUI 是否有全球竞争力也有待观察。

不过，如今除了小米 4 之外的小米智能手机全面敞开供应，也在一定程度上说明小米已经基本解决了硬件供应链的问题。

让用户疲倦的各种“小米”

雷军的成功七字诀中，专注是很重要的一个词语。正是因为专注，小米才能在品牌林立的手机市场中杀出一条血路来，并将资源集中起来，制造精品，从而给用户带来了极致的体验。

但是我们却看到，小米近些年一系列的举动正在走向专注的反面。在手机上，小米不再是一年出一款手机，而是有了太多的变种。比如红米、小米青春版、小米特别版等。同时，小米也在加速向多元化的方向发展，从手机到平板电脑、电视、手环、智能家居、路由器等，甚至还传出小米要做自行车、汽车……

各种各样的小米，让小米走上一条与专注相悖的多元化扩张的道路。这样做的结果是有可能什么都做不精，做不深。**不能够专注是很难带来精品和极致体验的。**

在互联网的时代，要想做好产品，就一定要学会简化。因为在互联网时代，消费者可以选择的同类产品太多了，而他们选择的时间又太短，很难耐心挑选，这便要求商家能够瞬间就抓住消费者的目光。所以，企业一定要在产品规划、品牌定位、营销渠道等方面力求简化。

产品不要太多，要专注做好某一方面。只有越少，才越专业，越有品质，也才能赢得消费者。盲目的多元化扩张是很可能让小米重蹈传统厂商的老路的。

让我们回顾一下传统的商业运营，可能很多人会认为这样一种模式才是对的，那就是产品必须要多，摊子必须要铺大，以此来抓住广大的消费者群体。但其实，这是一种误解。因为如果事事求大求多，那往往会造成企业在制定运营战略中抓不住重点，管理层也很迷茫，不知道该重点宣传哪个，重点推广哪个。

在互联网大发展的今天，已经很少有企业能够面面俱到了。“互联网 +”需要企业选对风向，从顾客焦点落到需求焦点，从满足一大群人的需求落到满足一小群人的部分需求上来。精益求精，专注和简单，才是“互联网 +”最需要的一种运营战略。

“‘专注和简单’是我的梵咒。简单比复杂更难：你必须更努力工作来使你的思想干净、简单，这是值得的，因为一旦你做到了，你就可以移山了。”乔布斯在接受《商业周刊》采访时曾这样说道。

毕竟商家的资本、精力和能力都是有限的，要想以有限的资本、精力和能力投入到无限的产品生产线上，是无法生产出好产品的。苹果的成功，有很大一部分也是得益于它的专注。

一只狗同时追赶几只兔子，必定一只也追不到。不要以为产品线少，就很“可怜”，但正是这种“可怜”的产品线，却能让企业集中起自己的研发时间、精力和智慧，从而能最大限度地发挥自己的积极性、主动性和创造性，把产品做到精益求精，能在第一时间抓到消费者的眼球。

第八章

小米的花开背后的肥料
——投融资之路

养花需要肥料。互联网时代，企业发展离不开资本的支持。当前的互联网企业尽管经历了一些投融资方面的挫折。但是，总的来说，这几年投融资规模正在以火箭的速度在业界攀升。这里面，小米无疑就是其中的翘楚。首先，小米450亿美元的融资创下了中国私募股权融资估值之最，让小米的扩张被外界评为“宇宙速度”。其次，小米伸向生态链企业布局的投资“黑手”也很像是血洗垂直领域的规则破坏者，稍不留神，小米就可能撂倒一大片传统商家，甚至自己。

小米凭什么吸引巨额融资

雷军在谈及自己的创业历程时曾表示，创业成功最重要的有三点：**市场，巨大的市场，任何一家创业公司的成功都需要巨大的市场，这是所有投资人的共识；人才，要找到一群靠谱的人；资金，就是与同行相比，你要有一笔永远花不完的钱。**

互联网时代是个烧钱的时代，要想在这一行的某一领域里站稳脚跟，离不开资金的支持。小米之所以能够有爆发式的增长，与雷军出色的融资能力有很大关系。下面我们先来看看小米让人心惊肉跳的融资速度和融资规模。

2010 年 4 月，雷军及团队、启明创投、晨兴创投投资创立小米，同年年底又完成一轮新的融资，投资方多了 IDG，公司估值 2.5 亿美元，全年累计融资 4100 万美元。

2011 年 12 月，小米 C 轮融资 9000 万美元，估值 10 亿美元，新增投资方有顺为基金、淡马锡、高通。

2012 年 6 月底，小米宣布 D 轮融资 2.16 亿美元，俄罗斯知名风险投资机构数字天空技术投资集团 (DST) 和新加坡政府投资公司 (GIC) 领投，小米估值达到 40 亿美元。

2013 年 8 月，雷军在微博上表示完成 E 轮融资，投资方和金额都没有公开，唯一可以查到的是，这次小米的估值达到了 100 亿美元。

2014 年 12 月 20 日，小米宣布新一轮融资完成，估值达到 450 亿美元，高于市场之前传闻的 400 亿美元估值。本轮领投的机构是新加坡投资公司 (GIC)，数字天空技术投资集团 (DST) 跟投，此外还有多家国内机构跟投。

小米前些年的辉煌，雷军过人的资本运作能力是加了不少分的。

雷军从金山离开后，一直都很偏爱资本市场。这几年雷军发展小米非常成功，掩盖了他已推动的迅雷、猎豹移动、欢聚时代三家公司上市的成绩，但从这些公司的上市也可以看出，雷军对资本运作非常老练，能力无可厚非。

“过去5年新创公司里融资最多的是我们。”雷军对《创业家》说，“原来我很羡慕马云、陈一舟的融资，我做金山软件、做卓越都融得磕磕碰碰的。现在这方面我应该算是专家，非常了解投资者怎么想，因为我就是投资者。”

当然，这都是后话。其实，做天使投资的雷军，在创业之初也面临着资金上的问题。“钱是人的胆，有了足够的钱后才有勇气去尝试。”雷军说。那么，雷军是凭什么，又是如何融到巨额投资的呢？

小米做的事及做事的方法获得了投资人的认可

现在的创业环境，跟2000年左右，我国第一代互联网企业创业的时候是不一样的。2000年之前，我国的互联网企业基本处于“拓荒”阶段。当时的创业公司虽然存活率很低，但是成长的阻力较小，一般来说只要创业公司能够“长”出来，基本上就能“长”大。

雷军做小米的时候，以BAT为代表的互联网巨头已经根深叶茂。它们为后进者提供经验教训的同时，也设置了很多门槛和障碍。这就意味着，新进的创业者想要冒头很容易，但想要长成一棵能与之比肩，甚至超越它们的参天大树，就会比以前困难得多。

在这种创业环境下，创业者必须明白三点：

一是你要清楚巨头们在做什么，确保自己不活在巨头核心业务的阴影里。比如，你现在做搜索，肯定很难拼过百度；你现在做聊天软件，也很难拼过腾讯的微信和QQ。

跟大公司的核心业务方向越接近，你的危险系数就越大。这跟小树苗离参天大树越近，越难茁壮成长是一个道理。

二是你所做的事情创新指数一定要高，别人轻易学不会。否则，你刚露出头，巨头觉得有利可图就轻松舒服地把触角伸进你的领域里，你肯定很难招架住。

三是速度一定要快，快到让别人反应不过来。一开始别人看不懂，等别人看懂了，你已经根深蒂固，在该领域站稳脚跟。这样，你才能活下来。

针对上述三点，小米的做法如下：

一是选择做手机，从硬件切入移动互联网领域。移动互联网领域绝大部分的创业者都会选择从开发软件或者应用起步，但此一项到现在还很少有规模收入的。小米则不同，它也想做移动互联网，但却选择了从互联网产业中的硬件部分入手，很多人可能认为这不是典型的移动互联网，但事实不容辩驳，小米成长了起来，而且还是成规模的增长。

原因就是小米的本意不在做硬件，而是采用软硬兼施的方式来给用户以一流的体验，以此获取用户的支持，确保自己收入的多元化。

小米的做法有点弯道超车的意思，一方面避免了通过传统打法和行业巨头直面竞争的可能；一方面又能给后续的跟进者竖起高门槛和高壁垒。

二是低利润空间挤压跟进者。小米的价格定位是中档机市场，2000元左右，但在配置上，它却努力向高端机上看齐，甚至比高端机还好。产品空间以及利润空间经过这种双重挤压，其他厂商就不太好进入。

三是小米把产品的演进和迭代的速度看得比什么都重要，而且还采取网上直销这种简单快捷的方式。这些都保证小米的速度足够快，一开始别人不屑一顾，但是等他们都看明白的时候，小米的生态系统已经生机勃勃。

当然，小米一开始也走过弯路，比如米聊做得不成功，就是离腾讯的核心业务太近了。但是它的这些模式的颠覆式创新，还是吸引了大批投资者的目光。

雷军的经历和实力征服了很多投资人

很多人投资小米的一大原因就是看好雷军。因为**在互联网行业里最稀缺的资源不是别的，正是人，即一个能在正确的时机，认准大的趋势，并把握住商业机会的优秀的创业者。**雷军正是这样一个人。

晨兴创投的刘芹表示，他2003年的时候就认识雷军，到2010年小米创业，中间有7年多的时间，他能感受到雷军冷静思考之后，对趋势的判断和把握。

雷军创业初期并不差钱，但是他还是选择了联合创业，从Google、微软、金山、摩托罗拉挖来很多人，而且找来VC支持创业，不是一个人持有全部股份。所以，IDG的李骁军就大胆推测，小米肯定是想做一些跟别人不同的事情，不然不会需要这么多人才。后来李骁军就找到雷军，希望能投资进去。这让雷军也颇为诧异。

李骁军认为，**从投资者的角度来说，一个创业者要想成功，就一定要控制好自己的团队，要能快速应对市场的变化，还要有高效的执行力。**所以李骁军说："雷军具备我们选择创业者的所有标准，从接触到决定投资，整个过程很快，而且接下来的几轮，IDG都追加了投资。我们相信雷军的小米能够成功。"

软银的阎焱这么评价小米和雷军："小米不是第一个做手机的，雷军聪明的地方就在于他通过小米打造了一个互联网生态，这个生态里有软件、有硬件，还有操作系统。同时他意识到口碑的重要性，在推出小米的时候最大程度地利用了粉丝经济。所有的一切连在一起，成就了今天的小米……其实，小米刚出来的时候，我还真没考虑过投资，因为当时对硬件不是特别看好。是雷军改变了我对硬件的看法。”

雷军是小米的明星 CEO，他的实力直接影响投资人对小米的看法和信心。过去的 20 年，雷军处于“输入”的状态，试过各种行业，见过各种人，通过天使投资，他有了一个“输出”的机会，他可以通过投资的方式去验证他的投资思想，现在他已经达到输入输出平衡的状态，既是一个成熟的创业者，也是一个成熟的投资人。这样一个人倾尽全力去做的事情必然会引起投资人的注意。

其实，作为企业老板，你所做的事符合大趋势，你的创意又能甩出同行一大截，你自身再具有一些人格魅力，能软磨硬泡，你就不难融到资金。雷军表示，在小米第一轮融资时，他和刘芹聊了一整个通宵，换三个手机都打没电了，为的就是要融到 500 万美元的资金。想融到资，这种精神值得学习。

小米第六轮融资之谜

前五轮融资，小米走得顺风顺水，其做事的态度和做事的方法，以及雷军的经历和实力的确征服了很多人。但在 2015 年，小米遭遇瓶颈之年，小米的第六轮融资是否还能续写神话？小米吸引巨额融资的这些手段又是否还能有效呢？

手段只是融资成功的途径之一，但投资人更看重的，却绝不仅止于此。

2014 年，小米的估值达到了前所未有的 450 亿美元，超越了联想 + 索尼的市值之和。不过，在第五次融资成功之后，业界也出现了不少反对的声音，2015 年 11 月 25 日，彭博社发表消息称，由于中国经济的增速正在放缓，小米遭遇众多的效仿者，其实小米估值已达不到 450 亿美元。

也许让很多人想不到的是，有坊间传言，在早先第五轮的融资中，小米对自己的估值其实是 500 亿美元，但投资者只认可 450 亿美元。

2015 年 7 月，便传出了小米开展第六轮融资的消息。据称这次小米给自己的估值达到了 600 亿美元，引来不少投资者的反对。按后来彭博社的观点，450 亿美元尚显高，那 600 亿美元更是无法指望。如果真能达到 600 亿美元的估值，小米将超过国内互联网公司第四极力量之一的京东，也差不多会超过 BAT 巨头中的百度。

有微博用户就爆料称，早在小米第六轮融资之初，新加入的风投就不认可小米当前的估值，只肯以硬件公司的定位为其估值，这便可能导致小米的估值大降。双方整体仍在谈判之中。

其实在之前的融资，小米给自己的估值方式就不是按照一家手机厂商去估值的，而是像 Facebook 一样，按照用户数量和增速等指标去估值，这也是小米能达到 450 亿美元估值的原因之一。而第六轮融资出现争议，可能还是因为投资者看到了小米的增长瓶颈才不认可小米自定的高估值，如果再往严重点看，甚至不排除有投资者对小米 2015 年增速放缓的态势采取无法容忍的态度。

小米和外界的争议就在于，外界把小米看成是一家硬件公司，而小米对自身的定义却是一家互联网公司。小米最近两年动作频仍，不断投资，建立生态，触角伸向内容、游戏等领域，便是在向外界传达一个印象，那就是小米并不是一家手机公司，而是一个平台型的企业。

雷军是这样定义平台型企业的：做优质的产品，并卖到成本价，再基于此去搭建一个巨大的互联网平台。通俗点来说，就是只要用户上网就要用到小米，这也是为什么小米把手机、路由器和电视定为三大件的原因。

目前，小米已经成为全国的第三大电商网站，还有超 1 亿用户的 MIUI，不断拓展的生态，以及雷军系的班底，这些都是小米平台化的基础，也是它的前景。

虽然如此，小米也没有改变投资人以出货量、市场份额和增速来看待它的估值的看法，毕竟与自主掌握硬件、软件和服务的苹果不同，小米的软件仍完全依赖谷歌安卓系统，所谓小米的生态是脆弱的；而且其软件和服务上的盈利情况目前表现的还不够有说服力；更别说，如果小米增速放缓，份额下降的话，那么其软件和服务的未来前景也将受到牵连。

也即是说，在增速放缓时，虽然小米仍能拿生态和平台来说事，但它在现实中还是需要指望作为其核心业务的手机恢复高增长，以弥补自身的缺陷，以此给投资人以足够的信心，并等待下一个行业爆发点的到来。

小米的生态投资链

小米的生态链企业，是小米的一个重要布局。由于 MIUI 本身是基于谷歌安卓系统定制优化的，难以自成生态。小米便只好通过下游的两种方式来弥补。一是通过手机、电视、投资智能硬件，提升 MIUI 在跨平台领域的整合能力；二是通过和国内各大互联网服务和内容提供方合作，打造产业联盟。

雷军的整体投资布局

雷军卖掉卓越网后有了大笔的闲置资金，他琢磨着自己可以投点钱，让那些能干的人把他们新奇的想法一点点变成现实。于是，雷军决定转行做天使投资，通过孵化其他人的创业梦想，间接地回报社会。

雷军认为，**如果一个人推着石头上山，那肯定会很累，而且还有被山上的落石打下去的风险。正确的做法应该是，先想法爬到山**

顶，再随便踢一块石头下山。也就是后来雷军在微博上总结的“只要站在风口，猪也能飞起来”。

雷军整体的投资布局主要有“三个方向”，即**移动互联网方向、电子商务方向和社交平台方向。这种投资布局的完整性和系统性为后来小米的“软件+硬件+服务”模式打下了基础。**

仔细分析雷军的投资项目，我们可以发现两个特点。第一，雷军擅长投资趋势。投资前，很多企业都刚刚起步，这样它们在获得资金注入后，往往就能快速发展。对雷军来说，投资后能搭乘趋势的顺风车，短期内获得高收益。第二，投资的项目战略格局性强。具体来说就是，投资项目对雷军的嫡系小米公司有辅助作用。大家仔细观察就会发现，雷军的一系列投资项目都集中在小米产业链的上游或下游。这一点，从小米手机里预装的软件便可见一斑。

雷军的投资哲学是“人不如旧”，就是从熟悉的人里面去发现。龙旗科技的创始人之一范海涛和他的团队曾参与了红米 Note 的生产制造，熟悉小米的商业模式。当雷军提出投资龙旗时，龙旗选择了积极拥抱。二者联合成立创米，研发智能家居，小米的智能插座和万能遥控器就出自创米。

紫米和加一联创的创立也是。二者均有十余年时间的代工厂团队背景，且和小米有着密切的联系。紫米的张峰来自英华达，加一的谢冠宏出自富士康，当他们决定出走时，雷军就表达了投资团队的想法。雷军曾对谢冠宏说，如果哪天想创业了，就找他投资，谢冠宏开玩笑问雷军，如果想开一个卡拉 OK 厅他也会投资吗，雷军笑称会。

雷军认为，这些团队都有深厚的硬件生产制造背景，这对小米能有很好的辅助作用，可以帮助小米提升新品的硬件设计、制造和把控力，使小米的单品爆款战略在生产上变得可行。

事实也的确如此，在确立了移动电源的方向后，张峰依托英华达的关系，很快就谈下了代工厂和供应商，从三星和LG处购买了大量的电芯尾货，使原材料的供应问题得到了很好的解决。得益于这种供应链上的顺利，紫米作为与安全度相关很高的产品，在品控和产能上几乎没出现什么大的难题，至今，这款移动电源销量也很喜人，达到了2000万台。

对于硬件产品，雷军有着自己的独特方法论，他追求完美，讲究用户体验，很难忍受粗制滥造的山寨产品，他连续创业和投资人的经历让他对产品的定义和风口的把握有很强的话语权。因此，往往是雷军想到必须要改造的产品，便会发动生态链部门去寻找合适的有实力的团队注资。

小米生态链前期的投资往往也是先投团队，后定义产品打造，这样的投资逻辑在投资圈其实并不多见。

不过，虽然雷军的投资做得如火如荼，但他并不想以此为职业。雷军的微博签名是："小米董事长，金山软件董事长[8]。业余爱好是天使投资。"这大概蕴含了某种优先顺序。雷军有一颗企业家的心，他投资和创业都是为了追逐心中的梦：打造出世界一流的公司。

所以，尽管"雷军系"的许多公司都做得风生水起，但它们只崭露了雷军的商业眼光，承载不了他内心的志向和抱负。正是带着这股意犹未尽的梦想之火，小米手机的设想在雷军的心里悄然酝酿，并快速被移动互联网浪潮推向时代的最前沿。

小米的触角伸向了哪里

现在的小米变得越来越庞大，但随之而来的，却不是销量的再上层楼，而是众多手机厂商你争我夺的血腥战斗。在此情况下，小

---

8 2011年7月，在求伯君等人的"情感"轰炸下，雷军重返金山，担任金山软件董事长。求伯君开玩笑说雷军已经投资了20多家公司，做了很多董事长，再加一家金山没有问题。

米开始逐渐谋求智能家居、智能硬件产品等业务，以及互联网增值服务等。

实际上，雷军和他的小米一直没有闲着。据称小米生态链投资的企业已经达到了 51 家，但是公布的产品只有 10 来个。也许随着时间的推移，我们还能看到越来越多的冠着“小米”头衔的产品出现。

小米主营业务

小米的主营业务，自然首先是手机。目前为止，小米共发布了四款最核心的产品：小米、小米 Note、红米、红米 Note，所对应的自然也是四个细分的客户群，发烧友或者是有购买力的用户。

小米手机的销售，主要依赖的还是小米网，一些第三方电商销售平台也是小米销售的重要阵地。同时，小米也在不断地拓展自己的线下体验店。对于小米而言，以往那种单一的预购、抢购和饥饿营销的模式已经不足以释放更大规模的销售能力了，小米必须要有所突破。

2015 年小米的增速放缓已是不可改变的事实，尤其是低端机市场，竞争对手的围剿使其比之 2014 年有了很大程度上的减弱。2015 年，小米加大了在高端机市场上的投入，虽然一定程度上缓解了扩张的压力，但还没有很好的数据支撑。

印度、巴西等海外市场将成为小米未来重点突破的新兴市场，但需要破解诸多专利问题。雷军称已经申请了超过 2 千项专利，但如果要进军美国等更多海外市场，这依然是远远不够的。

在手机之外，小米最重要的就是电视和盒子了。2013 年 10 月，小米发布了首款电视产品，目前有三款主打产品：40 寸、49 寸、55 寸，共卖出 677 万台电视和盒子设备。具体到电视，尚没有明确的数字，据称有 50 万台。在电视上，小米先是和国内各视频网站等内容方合作，然后接入牌照方的播控平台，但是这些内容只能提供给小米的电视终端。小米合作牌照方包括未来电视和银河互联网电视，不过，未来电视曾在和乐视、小米的版权纠纷中一度互相交恶，到后来，小米的合作方便主要是银河，乐视成为小米的主要竞争对手。总的来说，小米在前期由于主要是发展的手机业务，后起的电视品牌，现在看来还比较薄弱。

还有就是智能家居。在智能家居市场，小米首先推出路由器，为的是想打造一个跨平台的数据中心，能让用户在家庭、办公、出行等不同场景下，都可以在 PC、手机、数码设备间进行数据和信息的互动互通。

除了路由器，小米也在通过投资和推广 SDK 智能模块的方式来打造自己的生态。小米试图将自己推出的 22 元智能模块，集成到更多家电设备中，通过通用的控制中心，来统一家电设备入口，同时提供通用云服务，免费提供给合作厂商。

美的在获得小米投资后，已经开始在家电设备中植入小米的 SDK。但对于更多的第三方家电厂商来讲，小米暂时还不具备有效的手段去吸引他们。

小米的拓展业务

除了手机、电视和盒子、智能家居，空气净化器、插线板、手环等更多硬件产品也在小米投资范围之内。

雷军宣称，目前小米空气净化器在市场上每月份额基本上超过 20%（去年全国所有空气净化器卖出 500 万台）。

而坊间还有传言，称小米正在积极布局自行车、无人机、床垫、处理器、笔记本、玩具等领域。这些领域有的小米可能已经找到了合适的企业参与投资进去，有的可能还在内部评估阶段。

互联网服务模式

在互联网服务上，小米目前涉足的主要领域包括广告、游戏、电子商务、内容付费、互联网金融、电影票、黄页等。此前，雷军曾有透露，售价49元和99元的米兔，2014年卖出了197万只，如果按照49元每只来算，仅此一项，小米的收入也差不多接近1亿。

小米现在实际上是在打造三个平台，一个是手机和智能硬件平台；一个是MIUI的软件和互联网服务平台；另外一个是小米网电商平台。雷军认为，小米已从最早的MIUI ROM开发者和智能手机制造商，走向了消费电子国民品牌、智能家庭生态建立者以及移动互联网内容和服务的分发平台。

有消息称，小米投资生态链企业有一个“潜规则”，那就是给投资的企业提供三年的保护期。在这三年内，它投资的公司可以绑定小米的资源，三年之后可以不再依赖小米，而且小米也有投资同领域其他公司的权力。

投资大量生态链企业成为雷军“羊毛出在猪身上”互联网玩法的一种很好体现，雷军是想**用较少的资金去投资一个新领域，再把这个生态链企业的估值推高，这样小米在后面的融资中就可以变现，投资的公司越多，越能形成一种滚雪球的效应。**“把投公司和卖公司做成一种生意，资金很紧的时候，把生态链的企业估值拱上去套现。”一位创业者说。

从更长远的方向来看，当硬件发展趋于平稳或陷入瓶颈时，小米的价值也许就需要通过生态链和互联网服务来体现了。

资本向小米生态链传导？

2013年底，小米组建了智能硬件生态链团队，负责发掘和投资优秀的硬件生产团队并发展为生态链企业。

但其实，在这之前，雷军已经谈妥了出品小米手环的华米科技公司。

当时，有心于手环的雷军在从朋友那里拿到了华米生产的智能手表时，只戴了一天，便要求和华米科技的CEO黄汪会面。

在小米的办公室，雷军向黄汪和盘托出了小米的整个智能硬件生态，并热情地邀请黄汪“一起玩儿”。

黄汪没有拒绝。2014 年，华米科技便砍掉了原来的产品线，只做小米手环。不仅如此，华米生产的手环也与小米手机有着高度相似之处，甚至黄汪后来讲故事的方式都和雷军有着太多的雷同之处。

受雷军投资的影响，华米第二轮的估值便暴涨到了 3 亿美元，投资人中的岳斌和刘欣，都曾是小米早期的投资人。

这一轮融资，雷军并未从中牵线，但因为投资人熟悉小米生态链，因此也看上了做生态链的华米。此外，因为小米加持，黄汪也从一众手环商中脱颖而出，成功获得了红杉的投资。

和小米一样，黄汪也发掘出手环生态链的核心价值“ID 绑定”，一旦手环能够和人的身份 ID 打通，成为手机一样具有身份识别能力的硬件，未来在支付等多个领域都能发掘出新的盈利点和合作者。

小米的智能硬件生态链团队正式成立之时，雷军开始将具体业务交给合伙人刘德。一年时间，刘德带队投资了 25 家厂商，包括做移动电源的紫米、做空气净化器的智米、做活塞耳机的加一、做智能血压仪的九安——这些企业们都宣称要做自己圈子的小米。

2014 年 12 月，小米 12.66 亿元投资美的，这宗交易仅用了两周就得以敲定。雷军形容这次和美的集团董事长方洪波谈下的合作是智能生态链布局的里程碑，并且称未来还希望签下更多家电巨头：“我们是开放的生态，越多人合作越好。”他甚至表示，自己也不排斥骂他和美的是小偷的格力董事长董明珠合作。

“未来，小米将路由器这个家庭中心、手机这个随身中心和各类硬件连接起来。”雷军豪言，投资智能硬件，是要复制 100 家小米。和小米手机不赚钱一样，雷军也表示不关心自己投资的硬件厂商是不是能赚钱：“作为投资人，被投公司赚不赚钱我真的不可能管得了，关键是它对小米生态的贡献和丰富。”

小米智能生态链现状

雷军作为天使投资人，他在投资方向上喜欢多元化地布局，从互联网社区到移动互联网，从电商到服饰，到处都能看到雷军在落子。

雷军曾经总结自己的投资有三个原则。**一是不熟不投，不是熟悉的人或者熟悉的人推荐的人不投资，不是熟悉的领域不投资；二是只投资人，因为一个企业业务方向或者商业模式都有可能发生变化，但一个优秀的创业者一次没有成功，第二次就有很大的可能性获得成功；三是投资后只帮忙不添乱，因为最好的投资人是尽量不管理的投资人。**

雷军曾经透露，小米要投资 100 家生态链企业，截至 2014 年底，小米生态链企业已有 27 家，到 2015 年 11 月，小米所投的生态链企业则在 50 家左右，这与雷军投资 100 家的目标还差一半。

投资主旋律发生了变化

2015 年，小米的投资速度明显比 2014 年放慢了不少。对此，刘德表示，小米现在主要是选择对的方向和成熟的公司，所以速度才慢了下来。

可以看到，小米的投资主旋律正在发生着变化。2014 年，小米多半是投资的初创企业，小米在其中起一个孵化的作用，比如原始创业做移动电源的紫米。到了 2015 年，小米多数是投资的中型公司，小米在其中起到一个助推的作用，就是将这些公司推进壮大，比如代步工具开发商纳恩博。

在对中型公司的投资上，小米一方面是做好管理，帮助其成长壮大，另一方面是继续寻找新的可行项目。在这种投资中，小米不会控股，占股都不超过 40%，而且要求这些公司都是独立的公司。

分析小米的投资方向，可以看出重点在六个领域：手机周边、智能家居、可穿戴产品、极客酷玩产品、优质资源制造、生活方式类产品；分析小米的投资标准，也大致可以看出六点：一是这家公司在做的产品是一个大类，也就是市场要足够大；二是其现有的产品有明显的痛点和不足，不足才可能下刀子；三是其所做的产品可以被粉丝追逐，符合互联网的传播属性；四是其产品要符合小米的用户群；五是团队的实力要足够强，可以“牛刀杀鸡”；六是这个团队和小米有共同的价值观。

在为硬件产品挑选合适的操刀团队时，刘德坚信杀鸡就要用牛刀的投资理论，比如生态链企业相比其生产的产品而言都“大材小用”。华米创始人黄汪就坦言，在加入小米之前，他从来没有考虑过去开发较为廉价的手环，绿米创始人游延筠在加入小米之前，正在带领他的团队专攻智慧楼宇方案，并且已经投资了 2000 万，加入小米之后，便放弃了原来的项目，专做 22 元的智能家居套装。

这种逻辑看似折衷，但实际上指向的是小米生态链最核心的原则，那就是务必要爆款，这也承接了小米这种硬件巨头最擅长的大规模化的量产和复制能力。也就是说，**小米的生态链更像是以商业化目的为根本驱动力的投资行为，生态系统层面的连接则是由此附加的考虑环节**。因此，小米生态链企业所生产的产品更多的是基于对有着巨大存量市场的现有产品形态的改造，而不是从无到有的创造一款新的生活方式产品。

选择公司时，小米一般是让工程师先去看产品，然后进行集体决策。在小米投资之外，雷军的私募基金顺为基金也会在其中扮演着重要的角色，从 2014 年初开始，顺为的投资对象开始向跟小米生态链相关的公司倾斜，紫米和联创都曾获得过顺为的投资，后又将全部持股转让给雷军。

被投资者欲摆脱小米控制

2015 年 10 月，华米科技发布了全新手环品牌 Amazfit，为此，华米科技甚至不惜血本地现场打造了人工沙滩。

自从小米投资以后，华米科技就专注于做小米手环，到 2015 年 9 月时，小米手环已经销售了 1000 万只。但这一次，华米 Amazfit 的出现，预示着华米不再单纯生产小米手环，而且 Amazfit 也不是再主打性能，而是注重于设计。在售价上，299 元的 Amazfit 也比小米手环足足贵了 4 倍还多。

华米的发布会并没有邀请雷军，这也让外界纷纷猜测，华米有可能是有意要和小米划清界限，华米是想把最核心的用户资源牢牢掌握在自己的手中。

对于华米的做法，刘德却表示并不反对，他声称如果一些企业想要做自己的品牌，要去尝试，小米是不会干涉的，因为不符合“顺势而为”的逻辑。

在华米之后，也许还会有更多的小米生态链企业自主生产更有利润空间更高价值的产品。其实，在此之前，紫米就推出了自主品牌的移动电源，加一联创也推出了自主品牌的耳机。

多数生态链企业遭遇挑战

其实仔细统计，小米生态链企业的产品销量能够突破千万的并不多。其中，小米手环销量突破了千万，小米移动电源在 2014 年 12 月推出一周年之际也突破了千万，小米活塞耳机在 2015 年 3 月也宣布破千万，另外还有小米插线板。除此以外，小米的几十款产品中再也没有突破千万的。

这些生态链企业的产品销量无法放大，很重要的一个原因就是其市场本身没有大到和手机一个量级，就算是采用低价策略，买账的消费者依然不多。比如小米的空气净化器，整个 2014 年，我国国内的空气净化器总销量还不足400万台，小米只占了20%的份额，且还是梯次增加的，这样算下来，小米空气净化器也就只销了几十万台左右，在这种情况下，想要撑起上百万的年销量必然是很难的。

千万是小米生态链的一个门槛。小米模式的挑战就在于，如果其产品销量不能在较快时间内得到突破，达不到盈亏平衡点，它的成本问题就会很严重，小米自身也会陷入资金困境。就算那些销量突破了千万的产品，也有一个单价很低的问题。以小米手环、小米移动电源和小米活塞耳机各售出1000万来算，其总销售额也不到25亿，这对于2014年的总营业额达到743亿的小米来说，规模还非常小。

雷军曾表示，小米生态链模式最重要的创新就是把硬件产品，以接近成本价的方式销售，并以此架构一个移动互联网平台，再在上面做增值服务。但如此一来，就有一个新问题，那就是这些产品的用户黏性是不是够高。现代社会产品的更新换代很快，**如果品牌和吸引力不足，用户便有可能流失，要想让互联网增值服务的空间得到保证，那就需要持续保持庞大的硬件用户量。**

第九章

小米，会否明日黄花

从2011年8月16日第一款小米手机发布以来，通过互联网模式销售手机的小米成了媒体的宠儿。当然，热闹背后，也出现了不少的问题。尤其是在2015年，由于增速的放缓，小米开始被质疑，被揣测，而2015年也被认为可能是小米由盛转衰的关键一年，这不能不让人发出疑问，小米的未来，仍然是盛开的牡丹，还是会是凋零的黄花呢？

小米因何不上市？

2014 年底，小米完成第五轮总金额达 11 亿美元的融资，公司估值达到 450 亿美元。按理说，此时该是小米进行 IPO 的黄金时期，但小米的相关负责人却赶紧出面辟谣称小米压根儿就没打算上市。《福布斯》网站据此发文称小米为“全球最富的私人科技公司”。

雷军已经在很多场合表示过小米“不差钱”，但小米要想加强其在智能手机领域的优势，要想完善其在智能生态方面的布局，要想在海外市场有所作为，仅仅依靠融资和售卖硬件的现金流明显不是长久之计。那为什么左右逢源的雷军迟迟不走 IPO 这条解决上述问题的终极之道呢？

有布局，无生态

近两年来，小米到处跑马圈地，将触角伸向了包括地图、影视、智能家居、互联网金融、移动安全、新媒体、电商、手游等在内的多个领域，一副攻城略地打造小米城邦的逼人架势。

雷军在小米 Note 的发布会上，一再强调“以手机为中心，连接所有智能设备”的目标，而且他将智能家居的布局放在了一个极为重要的位置。从路由器到电视、从入股美的到推出智能模块，小米布局智能生态圈的目标是相当明确的，目前所走的每一步也都是非常扎实的。

但明眼人都能看得出来，小米的生态圈布局还都只是“在路上”，离真正的“移动生态系统”还有很长一截路要走。

2011 年 2 月 11 日，诺基亚宣布与微软进行战略合作，对于合作的理由，诺基亚新任 CEO 史蒂芬·艾洛普在一篇关于“燃烧的蘑菇”的内部邮件中称：“我们的竞争对手并不是靠终端抢走了我们的市场份额，他们靠的是一整套移动生态系统。”

“移动生态系统”表明了一个新的时代的到来，以前那种单纯的平台竞争时代已经一去不复返了。

一个移动生态系统的良性运转，靠的绝不仅仅是终端上的硬件和软件，还需要开发者、应用、电子商务、广告、搜索、社交服务（SNS）、地理位置服务（LBS）、统一通信等一系列扩展体验。

阿里巴巴成功的关键之一，就在于它依托电子商务平台的强大力量，连接起了中小企业、自主创业者和消费者。淘宝网也几乎成为我国电子商务的代名词，对此，马云的理解是：“淘宝不只是一个交易网站，而是一个电子商务生态圈的符号，无论线上线下，无论 PC 互联网还是移动互联网平台，只要人们想到购物和交易，淘宝将无处不在。”

就目前来说，**小米顶多算是搭建了一个庞大的网络框架，而没有形成真正的生态。有布局，无生态，意味着小米未来还有较大的上升空间**，在这种情况下冒进启动 IPO 显然是不明智的。

移动生态系统是一个既智能又能使多方产生共赢的系统。在这个系统中的各项系统都处于一种相互平衡的状态，并且能够与时俱进。这就需要企业搭建一个良好的平台，有了这个平台，企业才能真正逐鹿“互联网 +”。

进入“互联网 +”的企业，都可以学习成功者的经验，先从搭建一个平台开始，再向纵深发展，一步一个脚印地走起来，要知道，这是一个漫长而艰巨的过程。只有慢慢地搞好平台建设，才能真正打造一个成功的移动生态体系。

上市意味着数据曝光？

企业选择上市就意味着它要转变成为公共企业，不仅会面临股权分散的风险，而且要进行严格的信息披露，将自身暴露于公众的视野之下。所以，很多企业在不缺资金的情况下都不会急于上市，比如 Facebook，比如华为。

小米对外公布的很多数据一直都饱受业界质疑。比如，小米曾经公布过一项19亿纳税额，并特别强调这是经过普华永道审计过的，但是网友们却不买账。有人就发出了这样的质疑，说年收入 223 亿的百度纳税额才 15 亿，小米 126 亿的年收入为何就能纳到 19 亿元的税额？不过，也有解释称，说小米的这 19 亿纳税额，是雷军自创的“纳税总额”，包括很多项目，如关税、增值税、企业所得税、个人所得税等等。不过不管怎样，小米的数据都给人一种不真不实之感。

另外，关于小米手机是否盈利一直是个非常敏感的秘密，雷军也经常避而不谈。面对《经济观察报》记者提问“每台小米手机的利润是多少？”雷军的回答便是：“小米和供应商签订保密协议，零部件的价格不能透露。”记者强调，自己问的不是零部件利润，而是每台手机的整体利润。雷军立时表现出了不满，扯着嗓门说：“你不觉得你这个问题很不礼貌吗？”语气就像是老板在训斥做错事的员工。

雷军为什么不愿公开小米的财务数据？其实，小米之所以对数据讳莫如深，主要还是因为手机市场竞争太过激烈，就连小米也不得不自保。小米模式带活了手机行业，也让它成了同行们关注的焦点。小米的一举一动都在竞争对手的视野之内，雷军曾慨叹竞争对手对小米的研究已经达到“像素级别”，在这种情况下，**小米选择上市就等于扒光自己亮底牌。敌暗我明乃兵家大忌，雷军自然不想**

犯这样低级的错误。

另外，根据优序融资理论，融资顺序应当是内部融资、债务融资、股权融资，小米资金雄厚，现金流充足，既能吸引战略投资者，又容易从银行贷款，那它短期内也就没有必要上市融资给自己添乱。

小米的梦想与现实

“雷军式”的产融通路

多年前金山内部就有这么一种说法，说中国未来的互联网格局就好比是一张桌子，即英文单词的“TABLE”，其中的B是百度，A是阿里，T是腾讯，E是周鸿祎系，L就是雷军系。经过多年的布局，“雷军系”现在已经成为BAT之外的第四大势力，雷军时代已经到来。

雷军的商业逻辑是一边构建资本投资圈，一边构建产业生态圈，用资本来为产业输血，搭建起一条“雷军式”的产融通路。在这一商业逻辑下，未来小米的发展可能会围绕三个身份，形成三条线。第一围绕硬件，形成以小米手机、小米电视和小米路由器为核心的硬件产品线。第二，围绕软件，形成以MIUI为核心的移动互联网内容和服务生态线。第三，围绕现有的投资圈，小米拟投资的100家智能硬件公司将成为未来小米发展的第三条线。

前面已经分析过，小米目前还处于“有布局，无生态”的阶段，为了充实小米生态链，雷军早在2014年11月举办的首届世界互联网大会“共建在线地球村”分论坛上就已经表示，小米投资的项目，都将以智能硬件和内容作为其战略布局的核心。

智能硬件

抓热门做爆品是小米侵入一个智能硬件市场的逻辑。下面结合小米手环的案例，分析一下其具体步骤：

第一步，围绕小米生态链选择一个细分领域的热门产品，这种产品一般是单品，往往受众很广，容易做成爆品。做智能手环，小米就是抓住了可穿戴智能设备这一风头正劲的热点。

第二步，选择一家该领域的智能硬件公司为其注资，占领股权，使其进入小米生态体系，与小米联合进行产品开发设计，最大限度地利用小米的资源——不仅包括小米系内部的资源，更包括小米系之外的行业资源。利用小米多设备互联的优势及小米的品牌效应，无论是从供应商层面，还是从产品推广层面，都能吸引优质的渠道伙伴，在短时间内实现品牌升值。

小米手环的合作方华米科技本身也是家合资公司，它的母公司安徽华恒科技曾于2013年推出过一款名为Z Watch的智能手表产品，打下了手环的产品基础。2014年12月4日，华米宣布获得3500万美元的B轮融资，融资后的华米估值超过3亿美元。投资方看好华米的理由是，未来智能穿戴设备以及智能家庭市场的发展趋势，华米科技的技术研发能力以及团队运营能力，同时也非常看好小米硬件生态链以及小米综合生态的实力。

第三步，以一个极低的价格进入市场，让之前的竞争伙伴在低价面前变得无力还击，甚至直接破坏掉原有产品市场的游戏规则。这样的结果是，获利的是合作公司和小米，而往往受伤的是行业里的其他参与方。

在小米手环推出之前，手环类产品的市场价格在300～1000元之间，用户群被限制在了“爱好者”群体，大众消费者体验不到它的便利。小米用生态的玩法，以“价格屠夫”的角色改变了这一现状，小米手环以79元的定价，引来用户一片叫好。

第四步，营销推广做爆品。2014年7月产品上线，发货94天，卖出100万个小米手环。

围绕小米手机，小米正在积极推动小米智能硬件生态链计划。小米的很多明星产品都来自其投资的生态链上的企业，如小米手环、移动电源、空气净化器、活塞耳机、摄像头、智能血压仪等。

此外，小米投资美的，美的智能家电也很可能与小米系统捆绑，小米将随之拥有大家电产品，实现真正的智能家居系统的闭环平台。

内容资源

在小米的这种平台型商业模式中，意味着当小米已经获得了将近一亿的手机用户之后，小米将进入以“经营用户”作为首要目标的阶段。

怎么经营用户？肯定要靠内容。小米的目的就是要通过 MIUI 连接硬件与内容。其实小米一直都很关心 MIUI 与垂直行业厂商连接的问题。例如，MIUI 中有个“黄页”功能，用户只需要点击两下，就能让顺丰的快递员上门收件，因为小米的信息系统已经和顺丰有了直接的对接，所以用户可以通过 MIUI 连接很多层面的东西。可以预见的是，未来小米还会和更多公司对接，用户可以便捷使用的地方将会更多。其实，小米的这一策略就好似腾讯的“连接一切”，只不过腾讯用的是微信和 QQ，而小米用的则是 MIUI。

2014 年 11 月，原新浪总编辑陈彤加盟小米，意味着正在成为互联网平台型公司的小米，开始发力破解内容困局。

小米在手机领域，内容平台已经初步搭建成型。在 MIUI、小米账号、小米支付这些基础设施之上，小米正在搭建“主题风格”“游戏中心”“多看”“黄页”“小米生活”“小米手环”等若干内容平台。这样做是和手机的内容消费模式有关。要知道，现在的消费者都喜欢用 APP 来获取手机的内容，而手机内容又多是文字和图片这样的轻流量形式。

当然，要说小米的野心仅止于此那就大错特错了，小米的目标是占领用户的所有生活。所以手机、电视就是小米最需要攻坚的两个高地，因为手机代表的是个人生活，电视代表的是家庭生活，而无论手机，还是电视，内容资源都不可或缺，甚至是生死攸关的大事。

事实上，小米早就开始了对内容和版权的布局。早在 2014 年 2 月，小米全资控股瓦力网络，组建小米互娱，将米聊、游戏、视频等多个业务进行整合。瓦力网络还参与认购华策影视的定增股份，布局影视文化产业。

4 月，小米联合金山软件以 2 亿美元投资迅雷，获得 27.2% 股份，一跃成为迅雷的第一大股东。通过小米和金山，雷军甚至总共持有迅雷 39.4% 的股份，超过了迅雷所有的董事和高管。迅雷与小米的合作，主要在两个方面，一是 MIUI 操作系统，二是小米的家庭硬件、互联网电视和互联网机顶盒。目前，小米的手机、路由器等智能硬件设备中已经植入了迅雷的云加速服务，用户也享受到了更快的下载和数据传输体验。当然，小米也通过迅雷获得了更多的视频内容。

2014 年 11 月，陈彤加盟小米之后，首期 10 亿美元的内容投资项目成为继小米手机之后新的业务增长点。小米相继投资优酷土豆和爱奇艺，两大视频运营商都能补齐小米内容上的短板，并以智能路由器为核心来构建家庭生态。路由器中可以缓存视频资源，迅雷、爱奇艺、优酷等都可以成为小米的内容提供商。

当初，小米做家装，很多人不理解，以为小米对房产有所图。其实从长远不难看出，它在家装背后，真正的目的是要用智能家居，霸占互联网的最终入口。因为解决了家装，就可以延伸到工装，再延伸到智能家居与互联网，最后可能就是全产业链覆盖。所以，雷军看似让大家捡了便宜，殊不知他正在全面布局，想要成为未来互联网生活的真正王者。

困境重重的小米生态圈

雷军的产融通路看起来都很美好，雷军也一直声称要打造“以手机为中心，连接所有智能设备的生态布局”。五年来，小米也确实涉足了多个领域。其从仅做“手机 + 电视 + 路由器”的产品主线扩展开来，陆续推出了小米平板电脑、阅读器、移动电源、随身WIFI、智能手环、耳机、跑鞋、净水器等新产品，并与美的联姻推出了智能空调，而且进军金融和汽车行业，小米的生态圈布局一切都好像是“在路上”。

对此，小米的联合创始人洪峰表示：“做手机是为了什么？正是为了一个更大的生态圈，小米会成为一种智能互联的生活方式，能够覆盖到人们衣食住行的方方面面。”

小米要构建的是怎样一种生态圈，也许很多人还不是很明白。我们在这里形象地加以说明，比如小米手环可以被看成是小米生态中的一张身份证，可以用它来解锁手机，被小米电视、路由器和其他智能硬件设备所识别，并可以为用户提供定制化的服务。更形象点来说，就是当你带着小米手环，走到小米电视面前时，小米电视的屏幕上不仅会立即显示出昨晚的睡眠状态，甚至能根据你的观看纪录提供定制化的清单。

这绝对是一个宏伟的构想，小米生态将延伸到生活的每一个层面。但是，要达到这一目的，就一定要小米自身能够高速发展，可惜 2015 年小米的市场颓势还撑不起这一理想。从小米 2015 年销售的型号上来看，卖得最多的还是低价的红米系列，在小米最核心的旗舰产品中，活跃度最高的也不是小米 3 和小米 4，而是它的前代产品。小米 2 销量达到 1740 万台，小米 3 却只有 1050 万台，相比之下逊色不少，这也说明了小米新产品的竞争力其实是在不断下降的。

与此同时，小米还有低得惊人的毛利率，有报道显示，小米的毛利率仅有 1.8%，远低于同行业 10% 以上的水准。

可见，小米生态圈的布局也许并不如小米的高管们想象的那么好走，它大致有以下四个方面的问题。

专利侵权遭遇封杀

小米在印度的麻烦缠身正是小米遭遇专利侵权的一个缩影。如果小米不能在核心技术上有所突破，类似的例子必然还会经常上演。

在手机市场上，苹果和三星等都在自研手机芯片，以保持手机图形显示、应用处理、操作流畅等方面的优越性。这是它们实现手机差异化、领军全球市场的核心。而国内手机由于核心技术的缺失，不得不“拼装”产品，致使自己一直处于尴尬的地位，如果进军海外，不可避免地会遭遇专利纠纷。

因此，小米想要在进军海外的路上走得更远，就一定要在核心技术上要有突破。在国内厂家中，华为已经是先行者，它通过海思自研 AP、BP 芯片，使得华为的 P6、P7、Mate 7 等高端产品出货量占到了华为手机总量的 26%，并借此成功转型进入高端手机市场。

与华为相对的，小米却还在低端市场徘徊不前：作为一款小米系中定价较高的旗舰机，小米 Note 在半年之内就被冠以多个名头发布 6 次，最后不仅降价，还开放购买，间接表明了小米 Note 的颓势。可见，小米越早在自主研发芯片上取得突破，就会越早抽身于目前这种水深火热的状态，小米的生态圈才有可能早日显现。

低价路线走进死胡同

小米的成功，有很大一部分是得益于它的“高配低价”。2011 年，小米手机刚刚上市那会儿，正遇上手机价格普遍偏高的时候，好一点的手机动辄就是四五千。而小米 1 则以 1999 元的价格，还用全球最好的处理器。这样高性价比的产品在市场上一炮走红，并且加快了智能机的普及程度。

消费者喜欢看到低价高配的产品充斥市场，但对厂家来说，却会制约它的创新性。当所有的手机下游市场都在追逐性价比的时候，其对上游厂商的打击就几乎是致命的。小米上市之初走的是精品路线，用的是高通处理器，并利用高通的国际影响力为自己加了不少分。但4G牌照发放以后，小米开始放弃高通LTE，在小米3上选用了英华达的Tegra4，红米则选用了联发科八核。二者都不同程度地暴露出了一些缺陷，Tegra4功耗庞大，与MIUI的兼容性差，联发科八核则是成本、价格低廉，开发周期短，都与高通不在一个档次上。小米之所以放弃高通，很可能是因为小米不断降低的利润率和手机市场竞争激烈下的无奈之举。

现在，小米的很多品牌依然在依靠低价策略冲击市场，虽然争取了很多用户，但也带给用户一种价格低廉的直观感觉。**小米品牌的附加值越低，那么未来小米的出路就会越窄。一旦普及完成，市场饱和，低价就不会再是人们升级换代所考虑的重点，只有那些有着创新的设计和高端技术的产品才能立于不败之地。**

透支品牌扩展产品品类

随着小米投资的硬件团队越来越多，便有越来越多的打着小米旗号的产品充斥市场。这样一来，小米的营收和流水都在攀高，但其对小米品牌的伤害也显而易见。各种各样的小米，让人们感觉小米不再专注，而在这些小米产品中，只要有任何一个出现硬伤，对小米整个品牌的杀伤力都将是巨大的，正所谓“一荣俱荣，一损俱损”。

深厚的根基是一个“帝国”要想走得长远的根本，就好比阿里的淘宝，腾讯的QQ和微信。小米手机注定是小米赖以生存的根基，如果连小米手机都无法称雄，那它的生态布局也必将会变得难以维

持。甚至当手机市场一蹶不振之时，小米也将难逃厄运。

逆向而行的生态圈布局

市场上目前智能硬件的状态还不太成熟。首先是基于智能硬件采集到的用户行为数据是否真实有效还有待检验；其次是在云计算与数据分析方面，对于非结构化数据如图片、视频、音频的处理仍存在技术难点，因此在市场上，智能硬件的普及程度并不高。

对于智能硬件接受度较高的群体大多属于高端消费人群，而这又不属于小米产品的定位群体。**智能硬件的推广，更符合市场实际的做法应该遵循的是一种从上到下的顺序，而非从下到上的提升，只有先让高端用户接受，才能促进低消费群体的跟买欲，再将产品价格降下来，使之在大众中流行开来。**

回过头来看小米，我们就能很容易地发现它其实是反向而行的，起步时都以低价的形象展现在大家面前。试想，连高端市场对智能硬件的认可程度都没有成熟，低消费群体又怎会受到消费刺激，并对此产生浓厚的兴趣呢。

被围剿的小米

近几年小米的崛起，简直就是不对称战争的典范，当整个行业都在躺着挣钱的时候，如果突然出现一家舍弃眼下换取未来的企业，一定会像虎入羊群般攻无不克。

雷军的取胜，有很大一部分原因在于他把全部家当押在了当时还并不太有名的 Android 和高通这两个美国企业身上。在第二代小米手机的发布会上，高通大中华区的总裁王翔接受雷军的邀请过来站台。三年之后，王翔更是离开高通，加入雷军帐下，和之前的 Android 高管雨果·巴拉一样，成为小米空降副总裁中的一员。

小米的这种先知先觉，使它享受到了大量红利。但是，Android

阵营是开放的，很难有企业能像苹果一样，披上软硬件一体化的防弹衣。小米目前的优势只在于，它有着雄厚的团队实力，还有MIUI积累起的大量用户，才让它能够处在一个更靠前的位置上，等候其他玩家的进场。

于是就有了一群组装商争相讨论生态的奇趣故事。也可以说，是小米自己搭起来的这么一个波诡云谲的壮阔舞台。而在舞台中央硝烟四起之时，人们便发现，小米和手机之间的关系，已经不再具有唯一性。

就算2015年小米标榜的国货手机的地位也不稳固，要知道，位列国货手机之林的绝不只有小米，还有华为、中兴和联想，它们都在想方设法地占领小米的高地。狼烟已经点燃，战争还在继续，鹿死谁手，孰未可知。

2014年，小米在宣称自己要出4G手机时，中兴就已经推出了4G版的天机GrandSII，并且搭载的是骁龙801四核处理器。这让慢一拍推出4G手机的小米应付起来便显得相当吃力。

同时，华为亦在以“死磕小米”的营销反击小米。从荣耀单飞以后一系列“低端”产品的推出可以看出，华为拿出荣耀，就是为了对抗小米，而且在营销方面已经是有过之而无不及。华为的反击大有冲击小米霸主的地位之势，2015年的双十一，华为荣耀的出货量首超小米就是最好的例证。

别忘了还有在身后虎视眈眈的联想。其以预约、现货的销售再加上“试用”的体验，正是反击小米的重要方式。红米Note开抢前，联想就发出消息，免费发放黄金斗士S8给乐粉体验。“先试用后购买”，正是联想拿来抗击小米“饥饿营销”的重要武器。

纷至沓来的华为、中兴和联想，让小米疲于应付，更何况，无论是公司实力还是供应链，又或者说是产品，小米都并不比他们更具有优势。

面对各路厂商的围剿，小米的发布会总是一边在嚷着“友商”，一边又在磨着手中大刀，上演一场又一场的口水战。看似忙碌充实，其实都在打贬低别人抬高自己的牌。

小米成功了，于是产生了大批的跟进者，希望能分到市场红利。但是不可忽视的是，跟风做项目也可能遭遇一个大坑，风口上的猪，如果只是一只，即可轻松起飞，而如果变成一群，那肯定集体飞不起来。

未来三到五年小米将会消失？

2015 年 3 月，被网友戏称为“大嘴”的华为高级副总裁余承东放出狠话，称要在两年内赶超苹果，三年后让小米消失。

2015 年 7 月 23 日，小米科技园在北京海淀区的上地开始动工，一共 8 栋 21 万平方米，预计三年后完工。如果余承东的狠话成真的话，小米科技园建成之时，就是小米消失之日？

余承东的底气来自于哪里？是坊间说的互联网时代新模式的红利只有三到五年还是华为有着小米无可比拟的优势。

目前看来应该是后者。余承东认为，研发和设计投入是华为最大的优势。目前在国内的手机厂商中，在这两项鲜有能企及华为的高度的，当然也包括小米。

行业销售数据也似乎在佐证余承东的观点。有资料统计显示，2014 年时，华为智能手机销售了 7400 万部，增长 54%，市场份额也从 2013 年的 4.8% 攀升到 2014 年的 5.7%。2015 年，余承东豪言，华为将完成 9000 万到 1 亿部的出货目标。

余承东认为小米的短板主要还是技术。2011 年底，伴随小米的疯狂，华为跟进推出荣耀，主打互联网市场，不过华为并不是在模仿，而是积聚了自己的技术优势，而在设计和软件等方面，华为也采取和世界顶尖水平的厂商合作，整合全球资源，让荣耀迅速抓住了消费者的眼球。为此，华为软件平台还开放了账号、运动健康、智能家居等多个模块给合作伙伴，事实证明华为走对了，这也成为手机终端厂商圈地未来智能硬件的必经之路。

小米成立至今仅有五年，在飞速膨胀的过程中，小米将重心放在了产业链的末端，也就是营销和服务。相较而言，华为的传统优势在前端的芯片和集成，但通过模仿小米，荣耀又补足了营销和服务的短板，这也是2015年荣耀得以稳固自己市场地位的重要原因。

小米目前是以生态战略的模式为导向，而华为任正非却希望华为手机先集中在自己的优势领域，扩大市场份额，获取利润溢价。

华为是一条线，小米是一个平面。积极跑马圈地的小米，跑得越快，硬件短板就会暴露得越充分。尽管小米一直宣称自己是互联网公司，但看看它的对手吧，几乎都还是华为、联想这样的终端厂商。

2015年第三季度，小米市场份额有所回升，这成为小米的转折点。但小米的进军海外之路却不平坦，在印度遭遇爱立信的专利诉讼只是一个缩影，随之而来的专利纠纷势必会越来越多。

不过利好的是，雷军应该也已经看到了小米在硬件产业链层面的缺失。2014年11月，小米悄然与联芯一起联手成立了松果电子，自主研发芯片，但和投资智能硬件厂商带来的生态矩阵效应不同的是，芯片领域的技术研发门槛很高，这种速成模式的效果如何，还需要市场去检验。

比较华为小米模式的不同，**小米更依赖短平快的打法，希望用最短的时间、最低的成本、最好的体验切入新产品和新市场，但这种打法很像是希特勒的闪电战法，虽然短期内收效明显，但在对手积聚起力量以后，就将变成一种消耗战，甚至还有覆灭的危险。而华为则是以厚度和力度取胜，但这种模式又可能因为决策链的过长而错失掉机会。**

华为和小米的较量，已经不是双方对于短期市场份额的争夺，而是看谁更拥有未来的战斗。在布局未来的同时，二者都将面临来自于产品性能、体验、品牌、供应链管理、营销能力等方面的压力。随着全球智手机出货量的大幅下降，这种压力毫无疑问将会越来越大。

未来三至五年中，小米会不会消失？这是一个我们现在并不好回答的问题。只有市场，才会检验出真正的结局。

参考文献

[1] 李江涛.大时代的商业模式: 用对商业模式,多赚10个亿[M],北京：东方出版社，2014。

[2] 李江涛.领导者的战略思维[M]，北京：人民日报出版社，2014。

[3] 李江涛.新经济形势下的战略管理[M]，北京：人民日报出版社，2014。

[4] 李江涛.管理模式新生代[M]，北京：中国青年出版社，2014。

[5] 黎万强.参与感：小米口碑营销内部手册[M]，北京：中信出版社，2014。

[6] 何燕.小米，你也可以学得会[M]，北京：人民邮电出版社，2014。

[7] 冷湖.小米制胜之道[M]，北京：中国纺织出版社，2015。

[8] 贾丹丹，田旺.成功就是颠覆世界：雷军的移动互联网战争[M]，北京：新世界出版社，2014。

[9] 陈润.超预期：小米的产品设计及营销方法[M]，北京：中国华侨出版社，2015。

[10] 陈润.雷军：让创业回归简单[M]，合肥：安徽人民出版社，2013。

[11] 赵文锴.小米模式：互联网经济下的超速崛起之道[M]，北京：中国经济出版社，2014。

[12] 褚亚玲 . 雷军：从金山软件到小米手机 [M] ，北京：中国铁道出版社，2013。

[13] 姜洪军 . 雷军：在对的时间做对的事 [M] ，北京：科学出版社，2013。

[14] 魏炜，朱武祥 . 重构商业模式 [M] ，北京：机械工业出版社，2010。